LOCUS

LOCUS

LOCUS

LOCUS

Smile, please

smile 17　**跨世紀投資策略**

作者：謝金河

責任編輯：陳郁馨

美術編輯：何萍萍

法律顧問：全理律師事務所董安丹律師

發行人：廖立文

出版者：大塊文化出版股份有限公司

台北市117羅斯福路六段142巷20弄2-3號

讀者服務專線：080-006689

TEL：(02) 9357190　FAX：(02) 9356037

信箱：新店郵政16之28號信箱

郵撥帳號：18955675　戶名：大塊文化出版股份有限公司

e-mail:locus@ms12.hinet.net

行政院新聞局局版北市業字第706號

總經銷：北城圖書有限公司

地址：台北縣三重市大智路139號

TEL：(02) 9818089 (代表號)　FAX：(02) 9883028 9813049

排版：天翼電腦排版有限公司

製版：源耕印刷事業有限公司

初版一刷：1998年1月

初版5刷：1999年 1 月

定價：新台幣280 元

Printed in Taiwan

跨世紀投資策略

進入全球金融體系之後，台灣人的投資之道

《財訊》雜誌　謝金河◎著

宏觀的財經論述

薛香川

謝金河先生的文章寫得實在好。

由於工作的關係，每天我都要花一些時間好好的看看與財經有關的中、英文報章雜誌。看來看去，我覺得「謝先生的文章寫得最好」。爲什麼呢？第一，他的每一篇文章從字數來看並不短，但是讀起來卻不覺得長，一口氣就念完了，這種「一氣呵成」的境界，看來容易，其實很難。

首先，寫文章的人必須對要評論的事非常了解，此外，他的思路、他的邏輯也必須很清楚，才不會寫出像「今天天氣很好，我肚子很餓」這樣很奇怪的句子來。謝先生的文章中，事理、邏輯都很清楚，用字遣詞又很平易流暢，深入淺出，因此，看他文章一點也不花力氣。

第二，他的文章都會引經據典，讓文字說話，目前報章雜誌上很多論述，看題目，好像很好，看內容，就覺得「形容詞很多，內容很少」，而流於「短話長說」。但是謝先生的文章相反，是「形容詞很少，內容很多」，可以做爲財經類文章的樣板。

第三，他的文章有很多精闢的、獨特的見解。文章中很多眞知灼見，不是別人講了他再拿來講，而是他自己獨創的，這些前瞻性的精闢見解，在時下的一些財經、股市論述中是很少有的。

第四，他的文章很宏觀，他會把國際的大趨勢分析清楚，而歸納、演譯出他的獨特見解。

在本書中的「第一部：全球金融危機大剖析」所收錄的文章，可以說最能反應上述第三、第四兩點的特性了。事實上，「第二部：投資戰略縱橫談」的「跨世紀投資明星呼之欲出」、「當人類歷史不再是一部通貨膨脹史」等，以及「第三部：看十年英雄人物」中，「台灣企業的版圖正在重組」等等，以及「第四部：永恆的基本觀念與方法」中「金價一去十八年不回頭」等，都是既宏觀又前瞻的好文章。

總結來說，謝先生的很多論點是宏觀的，是前瞻的，他把這些宏觀、前瞻的創見，用很淺顯又流暢的文字寫出來。因此我覺得是同類文章中最好的。

我們知道，高科技公司能很快上櫃，是美國矽谷蓬勃發展的重要因素之一。因此當我還在新竹科學園區管理局服務時，有一年，正好碰上股票櫃檯買賣中心重新要大力推廣公司上櫃活動，我們和該中心及券商共同辦了幾次說明會。就在這種場合，偶然和謝金河先生第一次見面，那一天覺得他的演講說得很好，給我很深的印象。朋友有人提起，謝先生還在《財訊快報》上寫文章，如有興趣可以買來看，這不是第一次聽到《財訊快報》這個名字。第二天去買了一份，卻怎麼也找不到作者「謝金河」寫的文章。後來才弄清楚，原來他的文章不署名，而用「主筆室」名義發表，而且還不是每天都寫。第一次買到有謝先生文章的快報後，仔細閱讀，不禁被深深吸引住了。以後我每次拿到他的文章，總是一邊看、一邊用色筆劃，而且還把每篇文章剪下收藏起來。

有一天碰到謝先生，忍不住向他建議，把這些精彩文章集冊出書，沒有想到他眞的做了。因此，當他要我幫忙寫個序時，就一口答應了——信筆成稿，竽充爲序。

（本文作者爲行政院國科會副主任委員）

通貨膨脹已死

劉焜滉

今年以來，全球股市在科技股帶領下，出現一股狂奔行情，國內股市也在電子股引領下，衝上萬點大關，可是很多傳統產業漲幅卻很有限。這一年來，擁抱資產或擁抱舊觀念的人，都感到很難以適應這個「十倍速時代」。

最近我有兩個非常重要的新觀念要和大家分享，其一是幾十年來困擾全世界的通貨膨脹這種東西已經沒有了，通貨膨脹已經死了。過去大家害怕手上持有的貨幣不斷貶值，爲保值而拼命買黃金與房地產；靠土地、房地產致富，更是三十年來台灣一貫的賺錢模式。如果說全世界的通貨膨脹已不存在，表示黃金每下愈況，未來房地產將沒有再飇漲的題材。

另一觀念是這個地球自東德柏林圍牆倒了以後，除北韓還在苦撐外，世界上再也沒有純共產主義的國家。這也告訴我們說，人類到今日再也不會浪費資源在無用的武器與軍備上，更不會大量的囤積資源，所以物質都會運用在有效率的生產中，黃金將成廢鐵。惟一的差別只是黃金比較稀少而已。

黃金不再具有投資意義

先看看黃金的未來。時代已經改變了，以往因國際貨幣之間的流通性低，當某一國家經濟起變化，大家便只好捧著不可相信的貨幣，去兌換全世界價格都相接近的東西——黃金，所以黃金在人類過往的歷史上，一直是扮演絕對貨幣的角色。

但自八〇年代柴契爾夫人大力推行國際化、自由化的金融市場後，慢慢地黃金已失掉其絕對貨幣的地位，當大家對某一貨幣不信任時，大可轉換成另一種貨幣。因此，我想日後黃金最大的功用大概就是補牙，了不起就是當成裝飾品或高級餐廳內可食用的金箔。黃金已和鐵一樣，定價的方式也將和鐵相同，黃金不具任何投資意義了。所以我說在這樣的年代，還在想靠黃金保值與發大財，眞的是不可能了。

基本上，只要是有點年紀、經歷台灣過去三十年股市、房地產洗禮的人，大概都不會同意我的看法。因爲過去的經驗，只要股市大漲，房市沒有不動的道理，所以我猜中華開發的大掌櫃劉泰英也一定不同意，就像他近日大力看好營建股。我不知道他的理論，但我覺得那也只是他一廂情願的想法。

像是日前中華開發標下國際金融大樓，開發的總經理胡定吾說，台北市房地產已經六、七年沒有漲了，不相信四年後房地產不漲，這也是很一廂情願的想法。因爲影響房地產飆漲的兩項因素，通貨膨脹與實際上的需要，都已經沒有了，通貨膨脹已死，而目前台灣雖仍有無殼蝸牛的存在，但有三、四棟房子的人比比皆是，如此平均下來，也幾乎是打平了，所以房地產實際需求頂多是換屋而已。

房地產未來上漲的空間不大，我可舉美國的例子。美國自一九九一年波斯灣戰爭以後，股市從兩千多點一路上漲到最高的八千多點，但美國的房地產並沒有動，通貨膨脹也沒發生。再舉例來說，一件襯衫，在三十年前要三十美元，現在因爲是MADE IN CHINA，只要十幾塊美元就可買到。國際化與科技進步使得我們所用的能源並沒有多大的增加，但所生產出來的東西卻不停的變多，結果工業產品不斷在減價，一台電視機三十年前買要好幾萬元，現在幾千元就買到了。

類似這樣人類以往沒有經驗過的事，現在不斷發生，這幾年下來，我們已經發現通貨膨脹不再發生，傳統購屋保值的觀念便面臨了相當嚴酷的考驗，未來將資金全力押注在不動產的人將發現，身價每下愈況。

但也許有人會舉香港房地產飆漲的情況來反駁我的看法，我可以再解釋，因爲香港房地產的飆漲純因供需不平衡。因爲全中國的資金、公司甚至人口都流向香港，所以香港是供給不足造成的上漲，但說不定再過幾年回頭看看，這一段也只是短暫的現象。

擁抱土地只會痛苦地天天付利息

倘若眞要靠房地產保值發大財，除非國民所得再翻兩三倍才有可能。或許又有人會問我，如果薪資每年漲一〇%，房地產是不是也該漲一〇%？從一九八八年到九一年台灣的房地產其實已超漲了，我憑什麼這樣說？台灣土地的總市值是五十四兆，台灣的國民生產毛額才八兆而已，台灣人天天賺錢也要七年才可買下所有的土地，但美國人卻只要用一年的時間就可把土地全部買下來，這是從總體經濟的角度分析。

再從個人角度來看，三十歲的成年人在美國工作三年即可買房子，日本房地產曾經非常貴，當時要十一年，現在只要四年，將年收入乘上四就是日本房子的平均價。假設台灣三十歲的成年人年收入平均爲五十萬，在日本買房子需二百萬，到美國買房子只要一五〇萬，你說一五〇萬在台灣能買什麼？這就是超漲。超漲的東西，我認爲終究要跌回來。

但我覺得很奇怪的是，仍有許多人根深蒂固地認爲，房地產是最值得相信的資產，所以一定還會再漲。我認爲這就好比談戀愛一樣，眼裡只有對方最美，但事實不然。我相信許多堅持這樣觀念的人，有一半以上正在支付只鍾情房地產的代價。

舉例來說，價值一千萬的房子若出租，租金是三萬元，不扣稅一年獲利三十六萬；但將一千萬拿去銀行定存，一年利息錢就有六十多萬，若投資股市則更不得了，獲利百萬應不是難事。就機會成本的角度來說，買房子似乎是最不划算。

前述例子是個人，依此推演，營建股就有同樣的問題。多少上市公司在台北近郊有土地，天天抱著就天天付利息，然後癡癡地等待著房地產大漲；很多人還沒看到房地產起來，已經被利息拖垮了。台灣的營建股眞能有高獲利的不多，如果只是一廂情願地認爲營建股非漲不可，這只是像劉泰英般的自作多情而已。

大中華經濟圈正式來臨

我反而覺得大家應多留意中國市場，它將是台灣人未來可發揮的地方。這是一個很容易理解的事。一個有十三億人口的龐大經濟體系，每年平均成長率爲一〇%，這就告訴你說其中有很多公司是以超過三〇%的速度在成長，說白一點，全部都是台積電、聯電；加上同樣都是中國人嘛，起碼語言通，大家可以在那裡尋找機會。

至於東南亞市場，我覺得既然已找到一個全世界那樣高成長的區域——中國大陸，何必再去找其他的地方？以日本爲例，我告訴你日本已經完蛋、已無藥可救了。爲什麼我會這樣說，我一直在觀察，今天在日本旁邊，擁有十三億人口的大陸正開始走資本主義社會的路線，可說全然參與資本主義的行列，而且很難讓人想像，幾年前還是水準不高的人，現在對整體金融的觀念竟然比玩股票已有三十多年的台灣人還高。

我去上海的股市參觀，坐在那兒的人對存款準備率等金融專有名詞個個都能琅琅上口，可見大陸人不笨，相反地還聰明得不得了。他們觀念進步得很快，加上國家願意出錢派人到紐約取經，他們把國外版本拿回來，說幹就幹。這種超高成長速度，全世界無人可比，我想上海將來遠景一片光明。

我再舉例，在日本請一個工人的錢，在大陸可請五十個，以前是因大陸封閉，但現在不同了嘛！往來貿易都打通了，憑什麼一個日本人可領五十個大陸人的薪資？就算大陸薪資調高，但我看光從上海到南京，開車幾個鐘頭的地方，人口大概就和日本差不多了。大陸取之不盡的資源和高成長率，我認爲日本經濟只有一直衰退下去，直到整個大中華經濟圈內的水準都接近她的時候，日本才有機會。

換句話說，未來幾年機會在大陸，在整個中華經濟圈經濟壯大起來之後，逐漸與日本的水平拉平了，日本才有捲土重來的機會，大中華經濟圈已正式來臨。從現在起，大家應把重點放在大中華經濟圈。

未來機會在台北、香港、上海

自從鄧小平走改革開放路線之後，大陸經濟很快地動起來了。以上海的藍籌股四川長虹爲例，四川長虹電器早期是軍方的兵工廠，後來改制後，五年前還只是個不起眼的小工廠，但與日本松下合作生產電視機後，公元兩千年的彩色電視機生產量估計達一千萬台，比台灣任何一間同質公司還厲害。我糊里糊塗買了他的股票，一年多就已漲個十幾倍，我想再過兩、三年又是十倍。

我覺得，人生短短，別再把眼光放到緩不濟急的地方，且台灣人又較香港人擁有更大的機會，最起碼多數的香港人語言不通，北京話講不清楚，走到廣州大概就得停住了。台灣人不一樣，所以眼光要放遠，要放在大中華經濟圈，機會是在台灣、上海、香港。

對於香港這個市場我又要再補充說明，有人覺得香港才六三〇萬人口，但指數與市值卻搞得那麼高，怎麼算都不對。我告訴大家，觀念要轉過來，香港這個市場不是香港人的市場，而是全中國的市場，全中國的好公司的資金都拚命往香港擠，所以說香港不是六三〇萬人口的市場，而是十三億人口的市場，他的發展可說是好戲在後頭。我們很幸運，生活在中國五千多年歷史中少有的太平盛世，大中華經濟圈遍地是黃金，機會正等著我們。

（本文作者任職於三菱商社）

自序

在全球金融大戰中尋找出路

一九九七年的七月一日，改變了香港人的命運，也改變了整個亞洲人的命運。就在七月一日的第二天，泰國捍衛匯市失敗，自此宣佈泰銖改採浮動匯率，泰國這個小小動作，卻讓整個亞洲像一張骨牌般垮了下來。在不到半年的時間，印尼盾、泰銖和韓元貶值皆逾一〇%，這三個國家人民財富頓時縮水了一半，而馬來西亞與菲律賓貨幣則貶了五成，連體質強健的台灣與新加坡幣值都急貶了二成。匯市的巨貶，再加上股價的重挫，房地產的大跌，九〇年代高高祭起「亞洲奇蹟」的亞洲人民，在短短半年之間，其實已變得一窮二白了。

歷經這場鋪天蓋地的金融大浩劫，廿一世紀雖未降臨，可是人們已焦急地想要看清楚廿一世紀的眞相，在這個望眼欲穿的等待中，這個地球正不斷地在巨變與重組。例如孕育了十幾年的「亞洲奇蹟」，短短幾個月便肢離破碎，不堪卒睹，號稱全球第十一大經濟體，且在亞洲唯一與日本躋身富人俱樂部（ＯＥＣＤ）的南韓，短短一個半月之內，貨幣急貶了一倍，股價暴跌六成，逼得不得不向ＩＭＦ（國際貨幣基金）掛病號。更傳奇的是，八〇至九〇年代，在全球號稱「日本第一」的大和民族，在股價狂漲到三八九一五點，東京房價飆漲，到號稱一個日本可以買下四個美國之際，短短幾年光景，大日本即跌坐在地，如今歷經八年的泡沫經濟調整，日本經濟沈疴日深，倒閉危機四起，如今日本股票跌至一萬五千點，房地產更是暴跌七成，日本根本沒有復原的機會，九〇年日本隔山買牛的氣吞山河氣概也消磨殆盡。

其實廿世紀是一個多變的世紀，而決定人類命運的，其實就是經濟生活。如果從一九二五年美國經濟大蕭條起算的話，二〇年代，全球首度出現產能過剩的危機，在穀賤傷農的情況下，農民顛沛流離，民不聊生，全世界的商品都在跌價，紐約股市在十月大崩盤，正是照亮這個經濟危機的信號彈。此後日本與德國相繼擴張軍備，終於導引了第二次世界大戰，而斯時蘇聯由史達林致力的經改成功，於是在資本主義國家仆倒之際，共產主義迅速蔓延，中國、韓國也相繼被赤化。四〇、五〇年代，人類用戰爭來解決了經濟問題。到六〇年代美國強力介入越戰，戰爭消耗了美國的國力，可是亞洲國家之中，新加坡、台灣、南韓及香港卻因越戰得利，奠定了八〇年代四小龍的經濟地位。

進入了廿世紀的最後一甲子，戰爭的陰影逐漸消除了，取而代之的是經濟與金融爲主軸的戰爭。例如，七〇年代，中東國家展開了石油資源的爭奪戰，中東成爲全球火藥庫。戰爭的危機導致兩次能源危機，石油價格暴漲，使全世界錢潮大轉向，沒有生產石油的國家被迫必須向產油國家高價購油。石油暴漲，所有可供工業生產的原物料都趁機大漲，物價全面漲升，終於產生了廿世紀最可怕的通貨膨脹危機。在惡性通膨的年代裡，石油暴漲，黃金價格暴升，人們爲了對抗通膨，不得不握住有價値的標的。於是黃金成爲寵兒，土地與房地產成爲創造財富的最重要憑藉。

七〇年代的惡性通膨爲期不過是十年光景，可是它的影響實在太大了，其後的二十多年，人們都將這一段歷史的異常視爲常態，大家反而不適應沒有通膨的日子。其實在一九八〇年代以後，雷根出任美國總統即採取供給面經濟學，強力抬高利率，控制通膨，再加上兩伊戰爭促成油價下跌，七〇年代促成通膨危機的油價大跌，原物料也跟著大跌，金價也大挫而下，物以稀爲貴的原材料已不再成爲稀世珍品。就在這段期間共產國家相繼加入資本主義行列，全世界的市場增加幾十億人口。廣大市場，充沛勞力，再加上充裕物資，這使得以工業製造，大量生產導向的日本應運而起，整個八〇年代，日本經濟主宰全世界，亞洲四小龍也憑著工業生產，大賺美元順差。這些靠出口累積龐大順差的國家，因爲錢潮滾滾而入，資金無法消化，於是在股市與房地產上猛力炒作，台灣與日本都戳出泡沫經濟的危機。

美國爲了消減龐大的貿易逆差，開始向日本、台灣、南韓等國施壓，要求貨幣升值，而這場通膨競賽也衍生了今天亞洲金融危機的伏筆。從八〇年代後期起，日圓兌美元由二六三狂升至七九・七五，新台幣則由四〇元狂升至二十五元。亞洲貨幣不斷升值，使得歐美熱錢不斷湧入，使這些國家股市房市不斷出現泡沫現象，而這些貨幣升值國家不斷輸出資本，於是東南亞國家成了最好的選擇。八〇年代後期，日本及亞洲四小龍競相展開東南亞投資，東南亞奇蹟被這些錢潮拱起。到了九〇年代初期，東南亞都出現了八〇年代後期日本與台灣版的泡沫經濟假象，而就在這個時候，中共領導人鄧小平發表南巡講話，中國掀起改革開放狂潮，這時全世界的熱錢不約而同都看上中國，原本熱力四射的東南亞頓時大失顏色，中國成了全球僅次於美國的世界第二大吸金大國，就在中國每年以兩位數的高速經濟成長之際，東南亞危機已逐漸顯現。

假如說日本是一九八○年代世紀經濟擂台的盟主，那麼美國堪稱是九○年代的超級巨霸，美國除了軍事與政治獨霸全球外，九○年代高科技產業快速崛起，美國企業穩穩掌握住主控權，英代爾稱霸電腦硬體，而微軟則成了軟體業的超級巨人，美國高科技產業將亞洲視爲代工中心，產品則高價行銷全世界，美國企業賺取最肥大的利潤，而亞洲國家只贏得最辛苦的代工酬勞。高科技產業以十倍速的速度向前推進，美國與亞洲國家的距離也愈拉愈遠，當美國經濟力愈來愈強的時候，那些緊盯美元的亞洲貨幣必然要受到空前嚴厲的考驗。於是泰國在宣示泰銖改採浮動匯率後，亞洲貨幣便一個接一個不支倒地。

九七年後半期發生的金融危機正是體檢亞洲國家的大好機會。這場經濟的暴風雨令體質略弱的國家仆倒在地，從匯率貶值與股價的跌幅來看，向ＩＭＦ報到的南韓、泰國、印尼恐怕已在這場戰役中出局，未來的療傷止痛期恐怕也得三到五年，而匯率貶值逾五成的馬來西亞與菲律賓也都是內傷深重，恐怕也要二、三年的調養。反觀沒有被颶風擊倒的新加坡、台灣、香港、中國，這四個有華人血統的經濟體都在金融危機中展現強健的體質，這似乎意味了大中華經濟圈逐漸成形，而以中國爲主的「大中華投資圈」似乎是亞洲邁向廿一世紀的新希望。這次人民幣逆勢挺升，恰與美元在西方國家一枝獨秀成輝映之勢，或許廿一世紀的東西兩大盟主已在這場金融大戰中孕育而生。

整體來看，廿世紀是一個經驗不可傳遞的年代，歷史似乎不會重演。例如，七〇年代的惡性通膨如今轉眼成空，金價可以連續下跌十八年，卻無能重燃昔日耀眼光芒。八〇年代威風八面的日本經濟大國，如今似乎陷入泥沼，自身難保。而在我們周邊，房地產業一度是全台灣累積財富最快速的產業，如今餘屋充斥，地產大亨無不大嘆賺錢難。

廿世紀也是一個巨變的年代，任誰也想不到泰國，南韓、印尼等國經濟會在瞬間傾倒，一個國家貨幣貶值一〇〇%，股市大挫逾六成的慘劇，在亞洲連袂上演，這是廿世紀難得一見的一幕。國家經濟面臨激烈調整，就連產業也都面臨空前大重組，台灣的科技大亨迅速崛起，張忠謀、曹興誠兩人領軍的台積電、聯電身價都一度超越國泰人壽，電子大亨身價暴漲，幾年累積成果可以快速超越傳統產業的經營者。高科技列車以十倍速的速度急駛而去，全球富豪排行榜也快速洗牌，昔日的新貴盡是地產大亨與百貨大王，如今微軟的比爾・蓋茨獨領霸主已達三年之久。

在這個知識取代經驗，人類的腦力取代有形資產，高科技取代傳統產業，天天充滿爆炸性發展的時代裡，從事投資研判已變成一項高難度的挑戰，以往判斷台灣股市前景只要緊緊掌握住台灣脈動即可。我們從資金、人氣與市場即可判知行情，可是進入地球村的時代，美國股市崩盤即可致令全球股市暴跌，日本股市大挫也令全球股市傷風感冒，即令是九七年十月十七日台幣重貶，也會成為推動骨牌的手。這個巨變的世界，同氣連枝，誰都不能獨善其身，或裝作看不見。

在《財訊》工作了十餘年，每天都必須撰寫三、四千字的文稿，以探索趨勢爲樂，單是一年就有百餘萬字的創作產出；去年《今週刊》創立，筆者試圖以「老謝開講」，每週一篇專論去思索投資理財的問題，一年下來也洋洋灑灑寫了不少文章，卻從來沒有想過要結集成書。多次與劉焜滉兄交換意見時，強烈地感受了他對通貨膨漲已死的眞知灼見；國科會副主委薛香川先生諸多勉勵，使筆者燃起出書的決心。

正巧爆發亞洲金融危機，在這個歷史的重大轉折點上，廿世紀末期的一些投資現象，正可爲廿一世紀不可預知的未來探索一些新方向。距廿一世紀的到來還有七百多個日子，但是人類在十倍速的投資時代裡，似乎面臨更艱鉅的挑戰。

這是時代的挑戰，也正是邁入中年之年的我，一項全新的考驗。

目錄

第二部　投資戰略縱橫談

第三部 看十年英雄人物

第四部　永恒的基本理念與方法

第五部　夢幻戰場：大中華投資圈

第一部
全球金融危機大剖析

九七年亞洲金融風暴肆虐，
從東南亞蔓延到東北亞、南韓；
外匯儲備高達八百億美元，
居世界第三位的台灣亦不能倖免。
進入全球金融體系之後，
台灣如何面對金融風暴，從中吸取教訓？

金融大戰比有形戰爭還可怕

任誰都沒有想到，從一九九七年下半年起，全球經濟有如骨牌一般，一張張相繼被推倒。首先遇難的泰國率先宣告泰銖棄守，此後東協四國全部捲入風暴核心，從泰國、馬來西亞、印尼到菲律賓無一倖免。在股市重挫和匯市重跌聲中，一向外匯存底豐厚的亞洲四小龍也被波及，先是新加坡，接著是南韓，然後是台灣，再來是香港。而香港危機四伏，股市及地產重挫之後，又在十月二十八日引發美國一場嚇人的股災，歐美股市無一倖存。這場金融大戰有如一個殺戮戰場，單是亞洲至少蒙受逾八千億美元的損失，災情比打原子彈還可怕。

其實這次亞洲金融危機，只是重蹈過去中南美洲與墨西哥等高速經濟發展中國家金融危機的覆轍，但是災情會不斷擴大，進而波及全球，且幾乎無人倖免。關鍵即在區域內的國家並不能建立一個有效的金融合作體系，使投機者有機可乘，骨牌被人輕輕一推即倒，最後就形成了一場大災難。且在東協各國危機四伏後，連台灣、香港兩地外匯存底逾八百億美元的市場都經不起考驗，最後連全球都無法倖免，都是因爲大家輕忽了金融危機的嚴重性，且各國各自爲政所造成。

這場亞洲金融危機之所以源自東協國家，是因爲亞洲新興工業國在一九九〇年代以來，不斷享受大量的外國資金淨流入的好處，卻忽視資金內流另一面潛藏的高風險。在一九九〇年以前，歐美游資一年流入新興市場的資金不超過五〇〇億美元，但是進入九〇年代以後，資金淨流入出現高速成長，到了一九九六年居然高達二千四百五十億美元，這其中單是亞洲新興工業國便占了五成以上。短期間熱錢大量湧進亞洲，使資金過度集中在股市與房地產的炒作，造成資產價格不斷上升，終於鑄成嚴重的通貨膨脹。台灣在一九八七年因對美巨額順差，新台幣被迫升值，再加上熱錢湧進，造成股市二十倍上漲及房地產超過五倍的上揚，九〇年以後，股市崩盤，房地產大跌，終難逃泡沫經濟的清算。

這次東南亞國協在外資湧進下，促成快速經濟成長，造成游資過剩，股市、房地產巨揚，可是他們並未注意到累積外匯存底的重要性，卻仍將大量剩餘的資金投進先進國家的長期債券與共同基金。於是在經濟成長的同時，匯價上升，進口大增，而出口競爭力卻不斷減弱，結果經常帳的赤字愈來愈嚴重，而這些國家寅吃卯糧，居然用短期流入的熱錢來塡補。這種飲酖止渴的做法，終於被投機客看出破綻，大家全力狙擊金融市場，他們利用大量的衍生性金融工具，再大規模撤出資金，終於導致金融體系的崩潰，更在全球引發連鎖性的「骨牌效應」。

更值得一提的是，這次亞洲金融危機把中港台三地的命運打成一個共同體。新台幣在一九九七年十月間撤守二八・六元的底限之後，新台幣立刻下探三一元，台幣在一個多月間貶值近一成，立刻為港幣帶來沈重壓力。香港為了捍衛港幣，只得不斷拉升利率，造成同業拆款利率逾三〇〇％的慘況。銀根被抽緊，香港的地產首當其衝，處在高價的香港地產滑落逾一五％以上，香港地產大跌，港股馬上崩盤，香港恆生指數瞬間由一萬六千點跌破萬點大關。而香港股市大跌，立刻引起歐美股市重挫，終於促使美國股市出現崩盤慘跌，造成「黑色星期二」的股災。回顧十月股災，從新台幣巨貶→港元受壓→利率升高→香港地產與股市大跌→歐美股市連環下挫。而推動這張骨牌倒下去的，居然是台灣銀行總裁許遠東。

這次亞洲金融風暴，台灣、香港，中國都受到不小的壓力。除了股市重挫外，台幣一旦貶值，立刻使港幣、人民幣面臨沈重壓力，這次台幣貶值，更意外戳破了香港的泡沫經濟，以往兩岸三地總是各自為政，今後在共同利益與互重互利原則下，面對未來國際投機客的狙擊行動，三地充分有效的合作是必要的。因為金融體系的發展有連鎖性質，金融性的影響已由一國內部擴張至區域性，乃至全球性。若兩岸三地發展成一個大中華金融協作區，區內便可能形成一套嚴謹且相互合作的監控制度，大家共同交換訊息，金融危機才能迅速撲滅。有了這次亞洲金融風暴的殷鑑，未來兩岸三地要維持高速經濟成長，擴大國內市場佔有率，增強國際競爭力，不能不在金融監管、改善經濟結構和金融合作上共同努力。

亞洲金融危機引爆全球股災

國內股市自一〇二五六直挫到七〇四〇才展開反彈，指數在兩個多月跌掉三二一六點，跌幅達三一．三五％。這比起南韓股市下挫四一．五％，港股重挫四六．七％，台灣股市可說已是相對表現出色了，這也襯托出台灣股市基本面強勢之處。不過短短兩個月的行情大跌，卻改變了全球股市的投資基調，這使得九七上半年的投資情勢與下半年來正好呈現兩極化的走向。民國八十六年上半年，全球股市蒸蒸日上，美國股市頻創新高，亞洲各國股市也是欣欣向榮，這個情勢到了七月二日泰銖貶值之後，全球股市才出現新的化學效應，從此股市多空情勢易位，且全球投資人是愈看愈悲觀，股市則是呈現探底再探底的走勢。

英代爾股價大跌不容忽視

在八十六年六至七月間，東南亞股市大跌之際，泰國、印尼、馬來西亞、菲律賓股市也展開跌勢。當時大家都不自覺，大家都認爲是東協四國本身有問題，與自己扯不上關係，於是港股到了八月初創下一六八二〇的新高，台灣也是在八月二十七日創下一〇二五六的高點，美國則在八月初寫下八二八二的歷史天價。東南亞危機延燒了一個多月後，逐漸拖累了新加坡，進而壓到台灣，繼而香港、南韓無一不受影響。台灣在八月遭逢了一次台幣貶值壓力，到了十月鬆手之後，台幣大貶又迫使港幣遭受沈重壓力，港股因利率衝高而大跌，繼而導引美國股市重挫。至此，全球股市多頭格局開始易位，美國股市在股災中一度跌破七千點大關，頸線跌破後，雖然一度拉回頸線之上，但是美股疲態已顯，短期已難再創新高，尤其這次英代爾（Intel）股價跌幅之大，已令人戒心大增。

英代爾股價在一九九七年六月八日漲到一〇二美元；十月二十八日的股災中，盤中跌至六九・二五美元，跌幅已達到三二・一％，比起美國股市的跌幅要大得多。英代爾是全球半導體的龍頭老大，一旦大跌，自然使全球科技股面臨新的信心危機。市場上對英代爾的評價轉趨悲觀，是因爲大家預期東南亞地區的消費減退，會對英代爾業績造成影響，原本我們認爲東南亞危機只是局部個案，可是東南亞金融風暴卻引發全球股市的骨牌效應，這是因爲大家對未來的預期由高度樂觀轉向悲觀。英代爾受到東南亞影響，麥當勞、可口可樂、康栢電腦等跨國大公司當然難以倖免，美國股市被亞洲危機拖累，道瓊指數由八千多點變成七千多點，這象徵了全球股市的多頭火車頭已開始動搖。

日本在東南亞危機中首當其衝

全球股市的龍頭美國壓力沈重，現今全球最弱勢的日本股市則顯得岌岌可危，原因也是東南亞金融動盪重創日本經濟。日本在經濟上與東南亞國家一向有非常緊密的聯繫，因此這些國家的金融動盪也對日本經濟產生了重要影響。東南亞地區是日本最大的出口商品市場之一。一九九六年，日本對泰國、馬來西亞、印尼、菲律賓和新加坡五國的出口總額達七兆九千四百一十億日圓，佔日本出口總額的十七・三%，若加上東南亞其他國家和地區，則分別高於日本對美國和歐盟的出口額。

東南亞國家發生金融動盪後，爲維護本國貨幣穩定，有關國家採取了提高利率、推遲大型項目的建設、增加附加價值稅收等一系列對策，強行抑制國內需求，連帶影響日本產品在這些國家的銷路。東南亞國家的貨幣貶值還致使日本出口產品價格暴漲，大大削弱了競爭力，影響日本產品的出口。東南亞發生金融危機後，有關國家的貨幣紛紛貶值，有的已貶值三十%至四十%。日本廠家若不降低出口價格，其產品在當地的售價即會上漲三十%至四十%；但降低出口價，廠家利潤就會減少，甚至出現虧損。

自一九九〇年十月泡沫經濟破滅後，日本經濟由於內需不旺，恢復主要依靠出口。東南亞國家金融動盪導致日本出口受阻，這對日本經濟來說無疑是雪上加霜。東南亞地區不僅是日本最重要的出口商品市場，還是日本最重要的進口商品來源。一九九六年度日本從東南亞五國進口的商品總額達六兆日圓，佔進口總額的十五%，這些國家的貨幣大幅貶值，加強了商品的出口競爭能力，將會有更多的商品打入日本市場。

最重要的是日本金融界同東南亞國家關係甚密。近年來，日本對東南亞國家的融資大幅增加，一九九六年度，對印尼、馬來西亞、菲律賓和泰國四國的貸款餘額達六百九十三億美元，佔日本對外融資餘額的四十．九％。這些資金的相當部分流入上述國家的房地產業，金融動盪又使許多不動產公司破產，從而加重金融機構的負擔，甚至可能導致金融機構破產。因此日本商業銀行向東南亞國家提供的大量融資存在嚴重隱憂，有可能使日本金融機構產生大量壞帳，加劇日本金融動盪，影響其經濟復甦。

美國聯邦儲備委員會主席葛林斯潘，於九七年十月二十九日在美國參衆兩院聯合經濟委員會上說：「東南亞國家的經濟動盪，對日本經濟的負面影響要比美國的負面影響大得多。」據日興經濟研究中心測算，東南亞國家的金融動盪，將使日本的國內生產總值實際增長率下降○．七％。東南亞經濟危機加劇了日本本身潛藏的問題，這使得原本已疲弱不振的日本股市呈現連環跌勢，這次日經指數從九七年下半年起，由二○九一○跌破一萬六千點，已帶來嚴重警訊，十一月上旬日股跌至一五八三六，已逼近一四一九○的近十年低價區，日本股市持續下挫，看起來疲弱之勢猶在。如果日本的情勢沒有改善，日本勢必成爲全球股市弱勢的震央所在。

美國股市是全球股市的多頭火車頭，日本股市則是自一九九○年以來即在空頭格局裡徘徊，如果日股續跌，很可能要創下十年來最低價。日本股市再不振，泡沫經濟再怎麼嚴重，日本畢竟仍是世界經濟的大戶，日本如果面臨危機，美國恐怕很難倖存，因爲美國是日本人最大的資本輸出市場，假如日本有難，日本資金大規模抽調回國，美國資本市場必然受到重挫。現在日本股市與香港、南韓股市一樣，都是一副搖搖欲墜的樣子，偏偏台灣置身這二個危機地帶的核心。七、八月間東南亞國協發生危機的時候，台灣畢竟相隔甚遠，可是第二輪的亞洲金融危機狀況發生在日本、南韓與香港，這時候就得小心翼翼來因應這個大的變局。觀察未來的投資基調，多空情勢已在易位中。

日本、南韓、香港成亞洲新震央

全球股市經過一九九七年十月強震之後，大致上已漸趨平穩，美國股市是一個很好的帶頭作用，但是，國際的金融危機並沒有休止，現在受壓最重的應是南韓與香港，這次東南亞貨幣危機進而席捲全亞洲，箇中原因很值得探討。亞洲金融風暴肆虐，從東南亞蔓延到東北亞、南韓，外匯儲備高達八百億美元，居世界第三位的台灣亦不能倖免。這次亞洲金融危機，其實只是重蹈過去拉丁美洲和墨西哥等高速經濟發展中國家的金融危機的覆轍，原因都是由於各區域間的國家並不能建立一個有效的合作體系，而使投機者有機可乘。但是居然演變成一發不可收拾的全球股災，內情殊值得探討。

亞洲的新興工業國，在享受大量外國資金淨流入利益的同時，其實已隱含著更大的危機。在九〇年代以前，新興市場的資金淨流入總額每年不超過五百億美元，但踏入九〇年代，資金淨流入卻出現高速的增長，到了一九九六年，更已達二千四百五十億美元，亞洲區更佔五成以上。根據世界銀行統計，九〇年到九六年外資流入中國資金達二一七〇億美元，墨西哥一一二〇億美元，巴西七六〇億美元，馬來西亞六〇〇億美元，印尼五〇〇億美元，泰國四八〇億美元，大量資金流入這些國家，讓這些國家經濟欣欣向榮，但也失去戒心。

短期熱錢的大量流入，使金融信貸活動過度集中的資本市場和房地產市場，造成資產價格上升，形成「泡沫經濟」。另一方面，資金流入並不會即時引致經濟過熱和通膨的增加，在短期內反而刺激消費，維持高水平的內部信貸、投資甚至預算收入，形成短暫的經濟繁榮，但卻使外債迅速堆積，潛藏巨大的通膨壓力和經濟衰退的隱憂。上述問題若處理不善，將會導致「停滯性膨脹」的問題。

泡沫經濟的榮枯

可是，亞洲新興各國在經歷了高速的經濟增長後，國內資金過剩，他們並未注意到有充足外匯儲備的重要性，而將大量剩餘的國內資金投放到先進國家的長期債券和基金市場。在經濟增長的同時，匯價上升、進口大增而出口競爭能力日弱，造成許多亞洲國家的經常帳赤字嚴重，因此更輕易地利用大量短期流入資金來填補。故此，當國際投機者看準機會時，會蓄意狙擊當地金融市場，利用大量衍生工具的運用和短期外資的撤走，進行大規模炒賣活動，當這些國家對外的長期資金又無法即時回補，國家儲備又不足抗衡國際炒賣活動時，當地的金融體系就很容易崩潰，更引致連鎖的「骨牌效應」。亞洲的第一張骨牌是泰國，進而是東協其他三個，接著是亞洲四小龍也進榜，一開始是新加坡壓力最大，接著是台灣，下一棒輪到南韓與香港，而大家一向輕忽的日本，也出現險象環生的局面。

這次東南亞金融危機傷害到亞洲，大家都只注意到南韓與香港的問題，殊不知日本沈疴之重，很可能引發另一個回合的危機，這次東南亞危機，日本也是受害國，因爲日本在東南亞投資最多，銀行在東南亞投資也最積極。單是到一九九六年底爲止的資料，日本銀行向東協企業即出借六九三億美元的貸款，僅泰國即占三七五億美元，光幣值的損失已十分可觀。日本股市自從一九八九年創下三八九一五的天價之後，一九九五年七月日股重挫至一四二九五點，一九九七年來日本股市反彈至二〇九一〇，此後即步步走低，到了十一月初已跌破一萬六千點大關。

假如日本股市續創新低，對全球股市將有重量級的影響。因爲日本企業與銀行爲了化解泡沫經濟危機，股價重挫後，在日經一萬七千點到一萬八千點的位置，曾大力進行轉帳，賣力實現獲利，一度使銀行及企業帳上好看。如今日股續跌，日本銀行及企業勢必在年底攤提損失，這個情況到年底結帳，日本恐怕岌岌可危。日本銀行已受ＢＩＳ八％的限制，未來資產進一步緊縮，企業勢必更加雪上加霜，這個危機將愈演愈烈。自從一九九五年以來，日本股市很少跌破一萬七千點大關，頸線的位置就在一七〇一九，如今有效跌破，日本股市隱藏大跌危機，若是日股下跌，勢必拖垮美國，因爲日本企業勢必要從美國抽資金回來，這可能是下一個回合亞洲變局中最值得提神警戒的變數。

因爲東協四國畢竟只是小龍，日本可是東方的超級巨星，若日本經濟再受重創，那是全世界性的經濟危機，而日本一九九七年已出現八百件集團倒閉與三洋證券倒閉的衝擊，這一連串衝擊都是不祥之兆。

韓港潛藏大壓力

再看南韓的例子，目前南韓前三十大財團，已有七家爆發嚴重財務危機，而前二十大公司也有八家已呈現虧損，財團財務狀況吃緊，銀行面臨沈重的壞帳壓力。僅僅一九九七年上半年南韓銀行業總共就虧損七八八億韓圜，單是前五大銀行之一的南韓第一銀行，因主要客戶三美及韓寶宣布破產，僅僅九七年上半年即虧三五六億韓圜。眞正最大的危機在企業體質不良，南韓前二十大財團中自有資本率最高的東國鋼鐵，自有資本只有三一・四%，大多數財團自有資本率都在二〇%上下，像三星集團就只有一八・五四%，出事的眞露集團自有資本率居然只有一・一四%，想不出事都難。龐大的外債，加上企業不良債權太大，南韓這次是在東南亞危機中被拖累，但整個經濟結構調整幾乎很難看到明天。韓幣大貶，韓國股市大跌，這一連串的噩夢，足可把南韓逼得團團轉，現在南韓是亞洲最嚴重的地區，韓圜大貶，進一步勢必衝擊到台灣。

另一個可能更嚴重的區域則是香港，港幣居然打死不退，香港壓力自然不會停止，現在港幣只要盯緊美元，香港就要多付出一天代價。台幣未貶值之前，三・五元台幣可兌換一港元。如今要四塊台幣才可兌換一港元。港幣堅持不貶值，香港利率自然居高不下，利率高、地產跌，股價勢必重挫。港股在美股大跌後，一度跌至八七七五，反彈到一萬一千點後，如今再度跌破萬點大關，香港的危機再度顯現，以香港地產這八年來可觀的漲幅來看，一旦利率攀高，地產下挫幅度當不小。更值得注意的是，只要地產下滑，香港上市公司獲利必定縮水，很多地產公司業績鐵定大幅滑落，屆時會出現一個可怕的現象，港股愈漲，本益比愈低，如今是港股愈跌，本益比愈高，因為很多績優股由盈轉虧，本益比將大幅升高，這個惡性循環，看來香港難以逃避。

現在放眼望去，台灣周邊的地區個個都有問題，香港股市再跌萬點大關，南韓幣值不斷創新高，本來西線無戰事的日本，現在很可能加入這個戰局。也就是說，亞太區股市再度面臨新一輪風暴，台灣置身其間，勢必還要遭受另一回合的考驗。

全球股災後慎防熊市效應

經過一九九七年十月股災的洗禮之後，全球股市都出現狹幅盤旋、盤整待變的形態，最爲相同的特徵是，全球股市都出現量縮小漲小跌的局面。例如美國股市成交量已縮至五億股以下，香港股市成交值急遽銳減，甚且降至一〇七億港元，這與極熱時候的景況出現的三、四百億港元成交值，可說已相當冷靜了。至於跌勢不休的大陸A股，成交量也大幅萎縮，東南亞股市則是在傷重後暫時偃旗息鼓。現在看起來，台灣股市也將步國際股市後塵，進入量縮盤底的階段，這是因爲大家看不到新的投資新形勢，寧可退場觀望。台股在進行一段收斂整理形態之後，恐怕才能看出下一回合的波動。

等待新一回合的變局

日本策略大師，現任馬來西亞總理馬哈地顧問的大前研一，最近在電視上發表評論指出，在這個互相聯繫的世界經濟體系中，國與國之間相互影響，沒有誰能離開誰。大前研一特別強調：此時此刻，美國人開始害怕這場暴風雨可能降臨到他們頭上，很難想像這些投機分子會不會東奔西跑去張羅一把雨傘。大前研一暗示，當亞洲金融危機愈演烈之際，美國最後也難倖免於難。

這一次亞洲經濟危機衝擊到底有多大？一九九七年十月二十八日美國帶頭引來一場股災，亞洲區股市的總市值即跌掉四千九百億美元，其中香港少掉一五一七億美元，市值跌掉三三％，馬來西亞少掉三六八億美元，市值少掉一八％，新加坡也是去掉市值一八％，總市值損失二二八億美元，日本則市值少掉一八六〇億美元，不過跌幅卻只有六．六％。亞洲區損失慘重，美國也不輕鬆，美國市值約少了九千億美元，英國股市市值少二一八〇億美元，德國則少了九三七億美元，跌幅是九％，法國則減少八九〇億美元，單是歐洲及美洲，股市市值即少了一兆三千億美元，如果連同亞洲股市的損失，總市值約減少一兆八千億美元，股市的大跌，已使全球經濟面臨沈重的內傷。

比格斯宣告全世界已有改變

在全球頗具影響力的摩根史坦利策略家比格斯(Barton Biggs)最近暗示，全球股市大跌，「世界已有所改變，大量恐慌性的賣壓湧現，這象徵世界愈走向通貨緊縮。」他強調今後投資人要擔憂的是通貨緊縮的問題，而不是通貨膨脹。他認爲，目前發生的事情未來只有兩個可能發展，一是亞洲市場恢復穩定，貨幣貶值壓力紓解，二是熊市降臨，全球股市再向下調整，比格斯預期美國股市還會再下跌兩成到二成，亞洲危機將影響中、港，中國經濟將有一段時間放慢，甚至是衰退。比格斯在新興市場有高度的群衆基礎，一九九三年比格斯帶領一批基金經理人到中國大陸訪問，回來後發表了一篇〈極度看好〉的報告，造成港股快速飈升，迅速衝上萬點。幾個月後他又看空港股，港股又人跌。九七年初，比格斯預言，大批資金湧入大陸投資，香港前途看好，恆生指數在今後兩年之內，可望漲到二萬八千點，港股九七年上半年牛市顯著，恆指一度漲到一六八二〇。九七年下半年股災前，比格斯又發表看空港股的談話，他暗示要把港股殺得一張都不剩，港股有一天大跌一千七百點，比格斯扮演了重要角色。可見，在全球股災之後，大家千萬切記比格斯的談話，「世界已有所改變」。

比格斯已暗示美股進入周期性的熊市，這其中改變世界最厲害的是，這次資產縮水所帶來的可怕衝擊。股市處在牛市的時候，股價上漲、房地產上漲，造成資產膨脹效應，大家都感覺所得增加，財富的可支配性加強，於是消費特別勇猛，所有炫耀性消費都出來了，大家卯足力消費，市況繁榮，經濟成長顯著。反之，股價下跌，地產跌價，大家的資產縮水，這時候消費支出縮減，物價下跌，經濟成長停滯，這種通貨緊縮現象才是股市最大的殺手。因爲地產下跌，股價滑落，資產縮水，可是債務卻是一毛錢也不會省下來，過度膨脹信用的人，便面臨財務危機，今天的日本與南韓企業的慘況，實在是與此有關。

亞洲國家沒有對症下藥

例如今天拖垮日本經濟的是不良債權包袱愈來愈重，一九九六年宣告倒閉的日本「兵庫銀行」，在倒閉前公布的不良債權爲六〇九億日圓，但是倒閉後清算的債務則高達一兆五千億日圓，幾乎超過二十四倍。如果以此推算，日本銀行的不良債權可能高達六千兆日圓，這是可怕的天文數字，日本處在危機叢生的金融體系中，東京股市難保不會再一次暴跌。目前支撐東京股價的是國際級的績優股，可是如果全球股市仍一蹶不振，那麼像新力這些站在高檔的藍籌股，也將成為拋售的目標，到時候東京股市將潰不成軍。

而這在韓圜面臨千元挑戰大關中，南韓企業營運更加捉襟見肘。九七年十一月以來又有兩家企業宣布倒閉，排名第二十四的海泰集團倒閉後，新核心集團也宣布旗下九家企業倒閉，成為今年以來，南韓第七家申請破產保護的財團。羸弱不振的南韓經濟，受制於政商掛鉤的陋習，只有任憑潰爛。

美國許多經濟專家逐漸對這場亞洲金融危機感到悲觀，因為股匯市風暴發生迄今，亞洲各國政府都是死要面子，既無人勇於認錯，且根本沒有對症下藥。例如馬來西亞總理馬哈地一再痛責索羅斯等國際大炒家，卻任憑家族親友把持大馬經濟利益，這次大馬股災，馬哈地的弟弟受創慘重，而且，好大喜功的馬哈地大肆揮霍公共支出，擴大建設。南韓則是大選在即，舉國正陷入沈重負荷的政爭當中，金泳三看起來也是自身難保。至於印尼，蘇哈托任期到一九九八年，他的子女則囊括印尼經濟利益，印尼貪污橫行，全球著稱。至於泰國，逼走了昭華利，總算令人鬆了一口氣，但是乃川在夾縫中殺出重圍，考驗仍大，這次乃川出來，泰國匯市股市都有「擁立」行情，但是泰國的重傷，恐怕仍待時間治療。

短期台灣還必須慎防東南亞幣貶，對產業的新衝擊，目前台灣對東南亞出口已開始減退，尤其對南韓貿易逆差居然成長七七・八％，這已是個警訊，短期而言，南韓產業不排除有困獸之鬥的舉動，為了換取現金，南韓產品不惜血本殺價，對台灣的產業而言，凡是與南韓重疊度較高的產業，短期壓力恐怕相當大。這包括電子業的ＩＣ與ＩＣ封裝及監視器，傳統產業中，則以石化、化纖、紡織、鋼鐵與家電、汽車面臨較大壓力，尤其是石化、化纖與鋼鐵，這是台灣股市短期很難擺脫的大壓力。

臺灣海峽兩岸情勢新變化

另一個影響台灣的是香港股市，比格斯已暗示，港股受創，中國經濟成長將放緩，這次香港會傷得多重，不容太過樂觀，利率居高不下，目前香港短天期放款利率一直停留在十二至十三％之間，利率居高不下，地產跌幅壓力重，地產跌價，股價將跟著大跌。這十年來，港股的多空一直都與樓市有關，一旦地產下滑，港股跌幅會比地產跌幅更大，再加上香港商業色彩濃，金融交易發達，股市一旦熊市降臨，跌幅每一次都超過台灣。一九七三年港股炒高到一七七三點，後來外資撤走，港股一口氣跌至一五〇・一一，股價下挫高達九一・五％，那一年香港很多人跳樓自殺，或是精神病發作，這次港股自一六八二〇跌至八七七五，尚不能斷言港股已經擺脫跌勢，目前港股面臨一萬點大關保衛戰，這個情勢看起來是岌岌可危，不容大家失去戒心。

偏偏兩岸情勢似有大變化，自從九七年十一月江澤民展開訪美之行後，柯林頓與江澤民在兩岸問題上，似乎已達成了默契。江澤民返回中國之後，柯林頓立刻派遣卜睿哲到台灣，親自向台灣三政黨表達美國政策看法。美國所傳遞的訊息，似乎令李登輝總統大感不快，於是李總統在《華盛頓郵報》及《英國泰晤士報》上兩次專訪都有非常露骨的談話，李總統親自宣示台灣已是一個獨立國家，顯見美國似有逼迫台灣與中國展開政治談判的腹案。李總統深切瞭解台灣籌碼愈來愈少，而有了走偏鋒的談話。十一月上旬李總統又否定教育部承認大陸學籍的做法，這似乎看出兩岸矛盾加劇，短期間很難有扭轉可能，這是觀察兩岸情勢不得不防之處。

從這些複雜的大環境因素不斷改變來看，我們對已經大跌三千二百多點的股市難以樂觀起來。照說股市已大跌三千多點，個股已普遍跌進合理投資價位，逢低應該積極買進才對，可是外在情勢不明朗，使我們對未來前景仍宜有高度戒心。目前台灣股市的處境正有如一顆皮球從十樓的頂樓掉下來，第一次掉在地板上的彈力最強，這有如第一波八一三七的反彈，緊接著彈力減弱，最後又會處在靜止狀態，如果全球情勢再惡化，皮球還會滾進地下室。現階段應是保留較多現金的時刻，信用膨脹愈大的投資人宜高度小心，因爲負債一旦大過資產，個人將如企業般，很快面臨財務危機的考驗，未來信用膨脹愈大的人，很可能成爲這一波經濟逆轉下的大輸家，目前我們尚不可斷言全球股市會進一步惡化，但謹慎防範是必要對策，此時投資人切忌繼續短線在股市殺進殺出，現階段以改善個人財務爲第一要務。

由通貨膨脹到通貨緊縮

一九九七年十月肯定是全球投資人最悽慘的月分。根據過去半個世紀以上的經驗，每當牛市方興未艾之際，全世界股市都會在這個風狂雨暴的月分崩盤，這包括了一九二九年的紐約股市大風暴，更近一點的則是一九八七年紐約暴跌五〇八點的十月一日大股災。然後是九七年十月二十八日的「黑色星期二」，全球股市在十月即將結束之際，再度崩潰，不但全世界的股市再度陷入十月的恐怖輪迴噩夢，全球牛市的基調似乎面臨大考驗。摩根史坦利的策略分析師比格斯在股災後鄭重指出，全球投資基調也有所改變，這個世界正走向通貨緊縮！他暗示未來投資人該關切的不是通貨膨脹，而是通貨緊縮。而到底什麼是通貨緊縮？

一九二九年紐約大崩盤改變世界命運

一般我們將物價水準持續上揚到令一般人不能忍受的地步，稱爲通貨膨脹，相反地，當出現「物價全面下跌」的經濟現象時，則稱之爲通貨緊縮。當今四、五十歲的中生代，大多經歷過一九七〇年代那十年的通貨膨脹階段，因此對惡性通膨無不印象深刻，可是談及通貨緊縮，一般人較不容易感受得到。在二十世紀裡，通貨緊縮現象只有在一九三〇年代才找得到，即由一九二九年十月紐約股市大崩盤爲開端的世界經濟大恐慌，至一九三二與三三年之間，因全球經濟不景氣所導引的「通貨緊縮現象」是最顯著的特例。

紐約股市大崩盤帶來世界性的工業減產和史上最高的失業率，造成購買力不足，以致生產過剩，結果導致更大的全面性通貨緊縮現象，當時的世界，先是農產品價格跌到成本以下，演變成世界性的農村蕭條，強力壓迫了農民的生活。例如在美國作家史坦貝克的小說《憤怒的葡萄》裡所描述的，農民只好捨棄農場家園，全家擠上破舊馬車，走上流浪之途。日本東北部的農民有人悲慘到出賣女兒爲妓。爲了解決生產過剩的危機，日德兩國都走上了擴張軍備的路，終於導致第二次世界大戰的爆發。

而就在世界經濟陷入大恐慌之際，蘇俄卻在史達林領導下著手第一次五年計畫，蘇聯經濟快速成長及所得倍增，對於共產主義的基本理念與馬克思主義思想帶來莫大的吸引力，這與自由世界陷入的嚴重情況相比，馬列思想對人類的未來與希望帶來憧憬，於是很快地中國赤化，北韓也跟進，及至東歐一一關進「鐵幕」，一九二九年的紐約股市大崩盤，造成的通貨緊縮危機效應實在令人看了眼花撩亂。

一九三〇年代以後，全球大小戰爭不絕。到了一九六〇年代越戰以後，中東兩度能源危機，終於引發了二十世紀最嚴重的兩次通貨膨脹。一九七〇年代被喻爲國際經濟「絕症」的通膨，出乎意料的僅靠簡單手段就解決了，這個手段就是緊縮金融，調高利率，使其高於物價上漲率，執行這個手段的是一九八〇年上台的雷根總統，一九八〇年美國通膨率高達一三・

五％，到了一九八五年已降至○．九％，通膨顯然已有效受到控制。

從資產膨脹到資產縮水

不過，一九七○年代的通膨危機對於投資人理念的確影響深遠。在通貨膨脹的時代，物價節節上漲，與其保有錢不如保有資產有利，於是在七○年代，石油價格節節升高，全球資金湧向產油國家，而產油國家又拿石油美元大肆搶購黃金，造成黃金在一九八○年飈上了一盎斯八四二美元的歷史天價，爲了搶購資產保值，土地與房地產成了有錢人的最愛，七○年代，有人從貧農一躍而爲億萬富翁。

從七○年代迄今，其實通膨的因素早已有效受到抑制，可是七○年代的通膨令大家印象太深刻，於是，這三十年來靠資產膨脹手法乃成了全球一致的財富創造模式，隨著土地與房地產增值，再加上股價節節上漲，創造了可觀的財富效應。全球衍生了一股類似日本八○年代流行的「財技」——金融操作，國際間的熱錢流來流去，股市匯市交易量異常龐大，金融的影響力遠大於工業與農業創造的產值。偏偏在九七年由東南亞衍生的金融風暴中，就把全世界這股金融膨脹或者是泡沫經濟危機都點出來了。

進入九○年代，全世界進行科技革命，凡是商機之所在，全球企業無不卯力擴產，爲了打垮競爭對手，必須大規模降低成本，進而以削價的方式阻撓競爭對手進入這個市場。於是在本國之內便得遭遇產能擴充的競爭，即使是國與國之間也必須進行你死我活的殲滅戰，像

ＩＣ產業就是一個範例。ＩＣ工業從美國擴展到日本，九〇年代南韓挾國家之力，予大財團充分舉債，擴充產能設備，接著台灣又加入行列，全球競相擴充產能，造成ＩＣ價格在一九九六年一年之中跌價逾八五%，ＩＣ陷入嚴重惡性殺價的惡性循環。這時候，以舉債擴廠的南韓便逐漸感到不支，南韓面臨空前經濟危機。ＩＣ擴廠殺價效應只是冰山一角，舉凡南韓介入的產業，從ＤＲＡＭ、ＴＦＴ、ＬＣＤ，監視器、鋼鐵、石化、化纖及家電業，莫不陷入惡性殺價的競爭中，這種全球性的生產過剩，使產業獲利愈來愈微薄，這個時候，企業獲利急降，若是債務負擔沈重，就足以導引企業面臨嚴重的財務危機。這種生產過剩，再加上購買力不足，與一九二九年的情況頗爲神似。

過度金融操作鑄成危機

另一方面，金融操作在一九九〇年大行其道之後，國際熱錢在全球各地穿梭，像一九九二年大批資金由歐美、日本及台灣湧進東南亞，造成東南亞經濟異常繁榮，這種繁榮假象，一時之間使得東南亞國家自以爲是地神氣起來。大批熱錢炒高了股價與房地產，埋下泡沫經濟的病根。及至九五年原本湧向東南亞的資金轉進中國大陸，東南亞國協資金出現旱象，再加上匯率盯緊美元造成的高估現象，到了九七年下半年，東南亞國家病症一併爆發，於是「股瘟」、「匯瘟」相繼湧至，估計東協四國九七年以來股市大跌，匯市巨貶，總市值至少損失八千億美元以上。這個資產大縮水效應，使東南亞地區的有錢人瞬間變窮，泰國一家五星級大飯店，原本有十幾億泰銖市值，如今以兩億泰銖賤價求售，居然乏人問津。一位原本叱咤曼谷的地產商，短短三個月之間竟因周轉不靈，由地產大亨淪爲兜售三明治的小販。

九七年泰股慘跌，除了財務金融公司災情慘重之外，泰國的地產股災情更慘，例如曼谷置地（Bangkog Land）股價在九二年六月三日一度大漲到二二四泰銖，此後股價從高檔滑落，如今剩下三・一泰銖、跌幅居然高達九八・六％，若再加計匯率貶值，股價幾乎已成廢紙。曼谷置地在曼谷近郊計畫興建一座可供五十萬人居住的衛星城市，到目前爲止，已完成近四十幢三十層的高層住宅大樓，可是銷售情況欠佳，終於財務不支倒地，一九九六年泰國政府曾購入部分單位供軍人住，可是仍無力撐住曼谷置地。

現在的亞洲泡沫經濟危機由東南亞吹到香港，假如香港樓市崩潰，香港股市終將難逃大跌的噩運。而一九九〇年即被泡沫吹倒的日本，如今仍深陷危機，日本銀行估計高達六千兆日圓的壞帳，仍是一顆超級不定時炸彈，亞洲的資產大縮水，再加上九七年十月股災帶來的股價縮水效應，後遺症恐怕是非同小可。

通貨緊縮時代必須有應變對策

東南亞這次資產縮水逾八千億美元，而十月的股災，香港市值少掉一五一七億美元，日本少了一八六〇億美元，整個亞洲股市市值再少掉將近五千億美元。而原本在災情之外的歐美，在黑色星期二重擊下，美國市值少掉九千億美元，德國減少了九三七億美元，英國則損失了二一八〇億美元，法國減少了八九〇億美元，單是歐洲及美洲即損失了一兆三千億美元。這個資產縮水效應，已使一九九八年全球經濟發展隱伏危機，因爲資產縮水，消費力減退，又使產能過剩的危機加劇，物價節節下滑，全球通貨緊縮的陰影已隱然可見了。

現在我們必須面臨與往昔迴異的投資理念，未來的投資理財，如果不能洞察時代潮流的變化，縱使過去多麼成功，最終仍難免失敗，相反的，過去雖然失敗，但若能洞察新情勢的變化，必能成功。在通貨緊縮時代陰影籠罩之下，大家必須切記：

一、往昔靠通膨致富的投資經驗，未來很可能成爲失敗的原因，今後「通貨膨脹」時代賺錢的經驗不再全盤通用。

二、油價難再大漲，黃金價格將緩緩下跌。

三、土地神話破滅，房地產不再是快速致富的投資工具，流行了幾十年的「土地神話」將因通貨緊縮時代來臨而消滅。

四、減價推銷無效，由於大衆已認定「減價促銷乃跌價前兆」，對消費者來說，愈反覆減價促銷，這種商品的銷路將愈下降，而凡是參加減價競銷者，將因財務負擔沈重而提前出局。

五、不再是大量生產的時代，個性化的產品將脫穎而出。

六、嚴控財務結構，當資產縮水之際，負債居高不下的人首當其衝，個人如此，企業如此，財務不佳，負債沈重的人將在這一輪競賽中率先出局！

七、通貨緊縮時代，黃金與房地產價值不斷縮水，全球貨幣相繼貶值，未來禁得起考驗的，恐怕只有有價值的人與有價值的團隊。

第二部
投資戰略縱橫談

高科技改造了美國生產力，
也使過去三十年來困擾人類的通貨膨脹消失於無形，
人類過去三十年來一貫遵循
的投資理財習慣，面臨了空前改變。

跨世紀投資明星呼之欲出

美國著名的投資雜誌《巴倫斯》(*Barrons*)分析師最近提出一項令人震驚的報告指出,比較一九八七年美國股災發生的前夕,與一九九七年來美股的走勢幾乎一模一樣,這位分析師表示,這並不代表美國股市會重演十年前的股災,再來一次震憾全球的狂跌。

不過除了走勢相若之外,包括穩健的經濟擴張、機構投資者大肆炒作大型股,再加上散戶投資人爭相湧入股市,如今美國股市再度來到宛如十年前般令人膽戰心驚的位置。十年前的悲劇,今年是否重演,如今已成爲華爾街專家津津樂道的話題。

七〇年代對抗通膨是投資主調

回顧過去三十年的經濟史,每隔十年幾乎是一次經濟史上的小循環,當外在環境改變的時候,每個年代都會興起最熱門的投資標的,這個投資主流往往可以創下非常可觀的投資回報。而鑑往知來,從過去時光隧道中興起的熱門投資標的,在大家琅琅上口跨世紀的關鍵時刻,到底什麼才是下一個世紀投資的新主流,已成爲投資家不得不思考的熱門課題。

一九七〇年代,黃金、石油與房地產可算是風雲際會的投資主流。一九六〇年代,越戰才暫告一段落，中東戰事風雲又起，兩次中東戰爭都掀起全球的石油危機，一九七三至七四年第一次能源危機造成石油價格飆升，再到一九七八至七九年第二次能源危機，石油又翻了好幾番，由每桶二至三美元飆升到四〇美元以上。油價飆漲，帶動了原物料價格飆升，銀、銅、錫、鎳、鐵等金屬價格都大幅揚升，全世界都陷入惡性通膨的噩夢當中。

台灣在七〇年代嘗盡了惡性通膨的苦頭，當時一個麵包由二元漲到五元，民衆採購日常生活用品，連衛生紙都有人囤積。在惡性通膨肆虐之下，首先是全世界資金造成了一次乾坤大挪移的效果，七〇年代物資匱乏的國家成了最大輸家，不生產石油的日本就是一個代表。反之，生產石油的產油國家則搖身一變成了大贏家，全球的錢潮全部湧向中東產油國家；而這些產油國坐擁龐大石油美元，在美元是不是靠得住的憂心之下，產油國家大量搶購黃金。

一九六〇年代，越戰曾爲黃金創造了「亂世英雄」的傳奇，到了七〇年代，中東國家又湊上一脚，於是金價一飆不可收拾。一九八〇年黃金一盎斯創下八四二美元天價，直到雷根當選美國總統，全力打擊通膨，金價耀眼的歲月逐漸回歸平淡。

一九七〇年代，投資理財的主調是對抗通膨，任何一樣標的必以「保值」爲優先，於是黃金當道，而土地與房地產也是對抗通膨的利器，兩度能源危機，在台灣也掀起房地產的兩波大狂漲，國泰與新光集團成了土地漲價下最大受益者。台灣很多老一代大財團及大富豪都在七〇年代奠定勝基，而這十年來的通膨經驗，也留給老一代投資家不可磨滅的經驗——「有土斯有財」，土地價值不滅定律。

進入八〇年代之後，全球投資基調又變了。雷根掛帥一九八〇年代，他全力壓制通膨，大力起用伏爾克以貨幣政策全力對抗通膨。此時伊朗與伊拉克戰事再起，這場長達八年的戰爭，由於雙方都想殲滅對方，雙方拚命開採原油，OPEC協議組織隨之崩潰，石油價格因此大跌；油價下跌，其他原物料也回跌，通膨危機已逐漸化解。這時候全世界共產國家又興起改革開放浪潮，紛紛加入資本主義行列，他們提供了廣大的市場，廉價的勞力，再加上充沛的原物料，通膨之火終告撲熄。

八〇年代上演日本第一傳奇

在七〇年代，全世界的錢流向產油國家，到了一九八〇年代，原來情勢最險惡的資源匱乏國家如日本，卻因爲卓越的工業技術，充分運用全世界資源，日本製產品行銷全世界，日本工業產品傾銷全球，爲日本累積了龐大的順差。影響所及，除了日圓由二六三日圓快速升值，並衝破八〇日圓大關外，日本也因爲錢滿爲患，再加上利率極低，於是滾滾錢潮湧向股市與房市。

日本房地產暴漲居全世界之冠，當時日本號稱一個日本足可買下四個美國。到了一九九〇年，地產暴漲，股市更是一發不可收拾，八〇年代，日股由六千點大關起漲，到了一九八九年，日股終於創下登峰造極的三八九一五天價。

八〇年代跟著日本模式走的亞洲四小龍也都出現股市、房市飆升的案例。台灣的房地產繼一九七三至七四及一九七八至七九兩次能源危機大漲之後，一九八七至八九年房地產的漲勢比前兩次可怕，只是第三次的漲升格局與前兩次不同。一九七○年代房地產漲升建立在惡性通膨的基礎上，房地產是對抗通膨的利器，到了八○年代，房地產大漲則是因爲游資充斥，過剩的資金追求有限資產的結果，可是因爲漲勢太凌厲了，大家仍然是依照前面兩次的飆漲軌跡來看待。

而台灣股市則在一九九○年資金效應退潮後，跟在日本後面吹起泡泡。所幸台灣房地產跌幅不若日本那麼嚴重，於是台灣股市在暴跌之後，仍有餘力重登萬點大關，而日股遽挫之後，如今連一萬八千點已經腰斬的價位依然守不住。

假如說，一九八○年黃金價格登峰造極是七○年代惡性通膨時代的告別代表作，那麼，九○年日本股市的三八九一五，則是充斥游資時代的終結訊號。

八○年的黃金，九○年的日本股市與房地產相繼說再見後，進入一九九○代，全世界的投資基調又改變了。由於通膨已不復存在，昔日用以保值的標的不再吃香，黃金每況愈下。房地產度過七○及八○年代兩個美好階段，進入一九九○年代，房地產也不再是寵兒。

二十世紀結束前，美國高科技主宰全球

這時候高科技產業興起，美國人的價值觀席捲全球，電子業改造了人類的命運，人的腦力超過有形資產，創造高附加價值的增值遠超過傳統靠資產增值的模式，於是英代爾與微軟

兩家公司股價市值居然可以超越九億七千萬人口的印度，一個矽谷創造股價市值可以超越整個荷蘭股市的總市值，一家英代爾公司股價總市值，可以超過整個底特律汽車工業城。

在台灣，我們可以發現建廠不到十年，資產寥寥無幾的華碩，總市值居然超越在台北市擁有數十棟價值匪淺大樓的新光人壽。

在結束二十世紀之前，我們似乎已看出美國以高科技主宰全世界的態勢。八〇年代積弱不振的美元從此大翻身，美國科技股漲勢一枝獨秀，而台灣則成爲美國全球運籌中心下的成員，使台灣電子股一路吃香。

照這個態勢看來，在公元二〇〇〇年前後，由美國主導的道瓊指數與NASDAQ可能有登峰造極的機會，繼七〇年代黃金、八〇年代日本股市與房地產之後，九〇年代的美國股市與科技股，很可能在公元二千年前後締造我們不敢相信的歷史高峰，道瓊指數可能逾萬點，甚至是一萬五千點，而NASDAQ則可能越過二千點，朝三千點大關挺進。而此時，正在爲下一個世紀布局的新銳，則可能是亞洲的中國。

中國的力量正在興起，在亞太區已足夠成爲美國可敬的對手，而中國成爲亞太區一股最重要的力量之際，其他亞太區國家也必須面對中國力量興起後引發的挑戰；這次東南亞的金融災難，其實有一部分原因是中國的因素。因爲中國經濟力起飛，掠奪了東南亞市場，這正是東南亞經濟由盛而衰的關鍵。

一九八九年天安門事件發生時，中國政府爲轉移外界視聽，專注於經濟發展，首先是藉人民幣大幅貶值提升中國產品的國際競爭力，一直到一九九四年一月一日，人民幣兌美元匯價才在八・七美元左右平穩下來。這段期間朱鎔基利用宏觀調控，壓制國內需求，把資源轉供出口創匯之用。

一九九七年前八個月，中國進出口總額一二二二・七億美元，已較九六年同期成長二四・一%；九七年前八個月貿易順差達二五四・八億美元，已較九六年同期上升了一倍。在東南亞貨幣危機中，中國不但捍衛港元的穩定，也使人民幣成爲比美元更強的貨幣，中國從政治大國搖身一變，成爲亞太區的經濟強國。

二十一世紀的台灣人將更富有更神氣

中國這個龐大經濟體，很可能是接棒美國科技時代之後最具想像力的地區。例如中國九六年水泥總產量四・九億噸，已佔全球三分之一強，平板玻璃一・六億箱，占全世界總產量三〇%；再看紡織工業，一九九六年中國紡織纖維加工總量達八七〇萬噸，紗產量五一二萬噸，布產量二〇八億公尺，服裝產量逾一〇〇億件，都達到世界第一水準。國際經濟組織將中國、巴西、印度、印尼、俄羅斯，列爲下一個世紀五個最具潛力的經濟區，中國的排名恐怕最優先。

台商從一九九〇年代以後開始展開中國投資以來，從寶成工業、台達電、建大、正新都在加速成長的情況來看，二十一世紀以追求工業成長爲主調的中國，很可能在高科技領航的浪潮後披掛上陣，中國股市將從現在逐漸調整多頭格局，包括上海A、B股和深圳A、B股，再加上香港紅籌股和H股及台灣股市，這個大中華經濟圈構成的經濟「板塊」，很有可能是二十一世紀最耀眼的市場。

台灣在一九八〇年代跟著日本的步調走，日本股市大漲，台灣的資產股與金融股大漲。進入九〇年代，台灣的電子業搭上美國列車，成爲美國科技股的代工中心，電子股的漲勢一發不可收拾；目前電子股這班高科技列車可能開到公元二千年前後；不過，中國概念股已摩拳擦掌蓄勢待發了，到了下一個世紀，台灣可能又掛上中國經濟成長列車向前駛進。

在未來的十年及以前的二十年中，台灣在一九八〇年懂得靠日本，九〇年跟美國高科技列車，到了下一個世紀又可靠向中國。全世界大概沒有任何一個經濟體有台灣如此般的幸運。

在下一個世紀尙未來臨之前，而這個世紀尙未終結之際，現在投資的三大主流應該是高科技、金融操作與投資中國。而台灣置身在全球中則是三面逢源，二十一世紀的台灣人將更富有，更神氣！

當人類歷史不再是一部通貨膨脹史

就在二十世紀即將結束的前夕，全球投資市場就像是一場大風吹一般，產生了重大變化，一九九〇年股市總市值一度超越美國的日本股市，如今退居第二位，且市值落後美國將近五兆美元，美國國力陡增，而日本實力則猛烈滑落。一九八〇年代，日本在汽車、電器、造船、鋼鐵等產業樣樣超越美國，美國只留下電腦資訊業力保江山，如今，美國以矽谷爲首的高科技產業席捲了全球，不但奠定了美國高科技產業獨霸全球的地位，而高科技改造了美國生產力，也使過去三十年來困擾人類的通貨膨脹消失於無形，人類過去三十年來一貫遵循的投資理財習慣面臨了空前改變。

底特律汽車身價等於一家英代爾

這場財富重分配，首先吹動的是全球富豪排行榜的排名。一九九〇年前後，一直是全球首富的日本地產大王堤義明，九六年即退至第七，九七年則掉落到第二十二位。堤義明是日本不動產及運輸業的巨擘，在日本第一的時代，堤義明是日本首富，更是世界首富；如今，美國股市掛帥，微軟的比爾·蓋茨成了美國首富，更成爲蟬聯三年的世界首富。目前矽谷的高科技產業在這一波的紐約股市世紀大多頭行情中，扮演了至爲關鍵的角色。矽谷高科技公司總市值已逾四千五百億美元，幾乎是整個荷蘭股市的總和；而昔日獨領美國風騷的底特律汽車工業，如今總市值只有一一三〇億美元，身價與英代爾差不多。科技產業扶搖直上，傳統產業逐漸隱沒，在美國如此、日本如此，台灣也是如此。

過去三十年來主導人類價值判斷最深的——從通貨膨脹中追逐保值的投資標的，在二十世紀結束之前，被高科技旋風吹倒了。以美國爲例，美國股市的大多頭行情始於一九八二年八月，當時道瓊指數爲七七六．九二，此時美國失業率九．八％，三十年的債券孳息爲一三％，油價是每桶三四美元，全美共同基金總市值是九千億美元。到了十五年後的今天，道瓊指數一度漲到八千二百點以上，股價漲了十一倍，失業率卻降至四．八％，三十年債券孳息跌至七％，油價一桶跌至一九美元，而美國共同基金的資產總值達十兆美元。這十五年來，美國創造了可觀的財富，照說資產膨脹效應應十分可觀，按照經濟學理論，失業率下降，通膨危機將浮現，可是以九七年七月美國CPI只有〇．五％來看，物價並不見上漲，而且，石油價格不漲反跌，若是把通膨因素加計進去，油價跌幅更可觀。

根據世界貨幣基金統計七大工業國通貨膨脹走勢圖，我們可以發現，全球最嚴重的通膨危機發生在一九七〇至八〇年之間，這是兩度能源危機造成全球原物料價格暴漲，七〇年代石油價格暴漲，金價也在一九八〇年寫下一盎斯八四二美元的歷史天價；到了一九八〇年代，通膨由二位數回降至二％的歷史低位，這得力於雷根當政後，兩伊開打，石油價格回落，

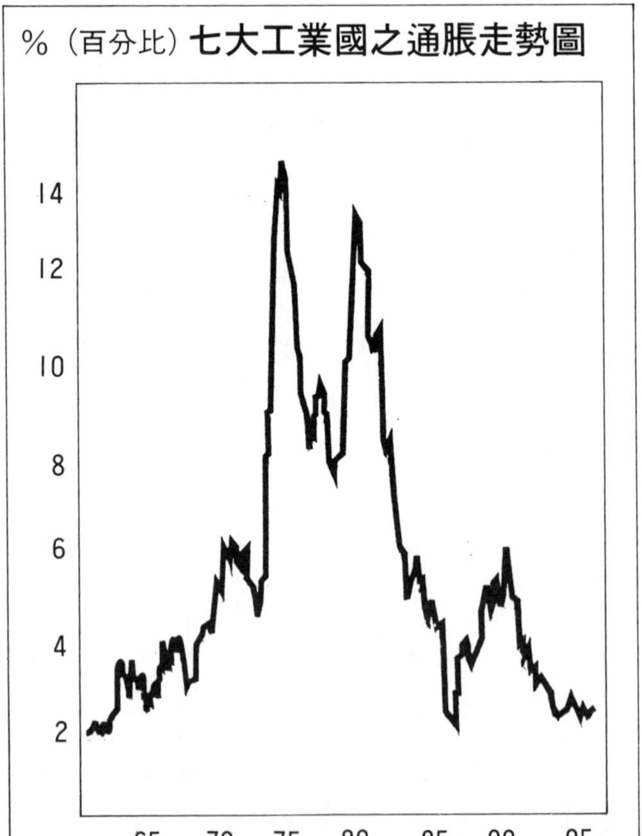
%（百分比）七大工業國之通脹走勢圖
14
12
10
8
6
4
2
65
70
75
80
85
90
95
（年）
資料來源：世界貨幣基金會

再加上重用聯儲局長伏爾克全力打壓通膨，雷根並以減稅、取消市場管制及解放生產力，爲長期經濟成長營造了最有利的環境。

其間共產國家紛紛加入資本主義行列，新市場、低廉勞工成本，再加上充沛的原物料資源，全球通膨壓力頓然解除。

一九九〇年代，七大工業國通膨一度逼近六%，此後逐漸回落到二%的歷史低位，即或在一九九〇年代通膨最烈的中國，七月的通膨率已創下二·七%的歷史新低紀錄；即使在台灣今年創下六·五八%的高經濟成長，但全年物價上漲只有一·七%，也是歷史新低水平。而令美國人深以爲懼的股價持續大漲，會不會引發通膨危機，聯儲局長葛林斯潘一度深以爲憂，但是他後來發現美國經濟已進入新世代，十九日聯儲局在通盤考量美國經濟數據後，決定不再調高利率，美國股市又再度以長紅大漲回應。

擁抱資產等於擁抱痛苦

在八十六年九月出版的《財訊》月刊社論中，邱永漢先生反省檢討了他一生的投資理念。邱先生一生始終信服「人的一生是一部通貨膨脹史」，在面對這一兩年環境巨大變遷的衝擊後，他正在做修正。邱先生看淡大陸的不動產，也看壞日本股市，但是他大力看好中國發展工業的前景，他認爲台商在中國進行工業生產投資，將來可能成就非凡事業。邱先生過去把他的一生視爲一部通貨膨脹史，人類爲了對抗通膨，必須買黃金、房地產保值，如今邱先生認爲黃金與房地產都是農業時代的產物，黃金時代結束，黃金淪爲商品，至於房地產，只有創造高租金、產生高報酬的土地或房地產有價值。

而這個觀點又與三菱商社的劉焜滉先生不謀而合。劉先生在本書開始開宗明義就闡明通貨膨脹已經死亡，他說，黃金就是鐵，只不過比鐵稀少一點而已，黃金將來能補牙或當裝飾品，而房地產與黃金無異，只差房地產會創造租金收入而已，如果房屋報酬率趕不上銀行定存，房地產就變成沒有投資價值。從通貨膨脹死亡，再到否定黃金與房地產的投資價值，這都是我們幾十年來對抗通膨而始終停留在「保值」的理念中，很難接受的新觀念，不過年逾七旬的邱永漢已經大徹大悟，著實不簡單。

證之過去三十年的經濟史，通貨膨脹幾乎是人類的心腹大患，爲了對抗通膨，人們大買黃金保值。由於害怕資產縮水，大多數人大量買進土地與房地產，一方面對抗通膨以保值，另一方面隨著物價上揚，人們都期待金價、房地產能「增值」。但這些昔日人們賴以致富的標的，進入九〇年代末期，都成了令人質疑的標的。其中黃金持續了十八年的長期跌勢；而房地產在大家的美好憧憬中，身價並沒有出現預期的上漲。反而是長抱資產的人，開始嘗到擁抱痛苦的滋味。

一九七〇年代，兩度能源危機，造成油價飆升，當時全世界的錢潮由不產石油的國家輾轉流至生產石油的產油國，這些中東產油國滿手石油美元，對紙幣的價值深表質疑，而黃金正是少數具有價值象徵的實物資產，於是黃金成了產油國的最大依靠。產油國家全力買進黃金，造成金價在一九八〇年一夕暴漲，金價從三五〇美元左右一路竄升，最高漲到八四二美元，才在買盤縮手後重挫，當時推動黃金價格暴漲的推手，一是石油每桶從一美元暴漲到四〇美元以上。二是油價飆升，全球原物料將跟著飆漲，全球陷入惡性通膨的夢魘，黃金成了對抗通膨的利器。三是全世界戰亂頻繁，亞洲的越戰才結束，中東戰火立刻再起，黃金有「亂世英雄」之稱，在漫天烽火中，黃金價值益加珍貴。

金價在一九八〇年一飛沖天，此後身價每況愈下，九七年七月十一日，金價一度暴跌至三一三・九五美元，金價從一九八〇年的八四二美元跌至三一四美元，十八年來，金價跌跌不休，跌幅已高達六二・七%，已超過〇・六一八的黃金切割線。放眼全世界的投資標的，大概沒有像黃金這般令人大嘆「二十年一覺黃金夢」的。

金價在一九八〇年從八四二美元暴跌，到了一九八五年重挫到二八六美元，大約跌至開採的成本價。此後金價展開重挫後最大的一次反彈行情，金價在一九八七年一度直逼五〇〇美元，金價大反彈，一度令人希望無窮。當時很多人對美國龐大的財政赤字深表憂慮，擔心美國鈔票印太多，終有一日貨幣體系會崩潰，促成黃金買盤激增。可是，這時候全球因通膨受到控制，錢潮已從產油國回流，造成股市、房地產大漲，黃金魅力比不上股票、房地產，黃金再度探底而下，一九九三年及九六年金價皆一度彈升到四百美元以上，可惜都只是曇花一現，如今再度向三〇〇美元的低位下探。金價反彈一峰比一峰低，這十八年來，所有買黃金的人，幾乎全是大輸家。

房地產會不會步黃金後塵？

二十年一覺黃金夢碎，也有人說「十年黃金變爛銅」，這是因爲黃金原是實物資產中最有價值的標的，可是尼克森廢止金本位制，宣布與黃金脫鉤之後，金價頓失所倚。其次則是世界由戰亂走向和平，黃金不再顯現「亂世英雄」本色；更何況美元搖身一變成爲全球共通貨幣之後，即使要逃難，電匯美元也比攜帶黃金方便。第三則是全球通膨受到抑制，人們不再用黃金來對抗通膨，而最關鍵的則是黃金與其他投資標的相較，所有優勢盡失。其一是黃金與美元掛鉤，九〇年代美元貶值之際，黃金亦隨之貶值；其次則是買黃金不但沒有孳息，且必須租用銀行保管箱，不但沒有利息收入，且必須繳交保管箱租費，這比起股票可以「股子生股孫」，房地產也有房租收入，黃金的投資價值便顯得遜色多了。

九〇年代之後，黃金逐漸退出人們投資標的的行列，黃金一度是價值儲存的熱門標的，逐漸褪色成爲一般商品，成爲金飾加工的產品，身價向銅、鐵、白銀看齊。與黃金一起同列爲熱門投資標的的房地產，一九九〇年代身價也到達最高點，日本房地產飆升，台灣也向日本看齊。進入一九九〇年代之後，日本房地產重挫迄今仍未復原，台灣止痛療傷後，正在期待另一波行情，全球房地產高高掛的地區在亞洲僅存香港而已，房地產會不會步黃金後塵，值得大家拭目以待。

在台灣，等待房地產增值的大有人在，許多營建公司高舉負債囤積土地，例如太設負債二六六・一七億元，東雲負債高達四四二・二五億元，潤泰建設負債一二〇・三四億元，中華工程更是留下三四二・七五億元的龐大負債，這些營建公司高舉負債，擁抱土地，結果公司創造的獲利往往趕不上利息成長的速度。太設因爲ＳＯＧＯ而豐收，可是ＳＯＧＯ的獲利卻仍不夠太設付利息；東帝士的陳由豪更是爲高額負債而疲於奔命，中華工程因爲營建業務各方看好，可是九七年上半年每股獲利只有〇・一元，後來把高雄土地丟給中石化，讓中石化繼續擁抱痛苦，實乃上策。這幾年很多財團舉債買地，原本寄望土地漲價帶來獲利，回頭一看，土地漲價有限，可是利息成長的速度卻不會停下來，在來不及享受土地創造增值效益的時候，已經被沈重的債務壓垮了。

中華開發的董事長劉泰英告訴我們說，股價漲多了，累積財富效應，房地產一定會漲起來；總經理胡定吾在標下台北國際金融大樓之後，也信誓旦旦地說，台北市房地產已經七年沒漲了，他不相信四年後，國際金融大樓完成時，台北市的房地產不漲。這些觀點看似眞知灼見，可是如果通貨膨脹的現象已經不存在，房地產又爲什麼非漲不可？台泥的股價在民國七十九年因鼓山廠開發利多，一口氣漲到三〇六元，這七年來，台泥從來沒有處置過任何一塊土地，鼓山廠依舊，七十八年證券專家張齡松曾鼓吹台泥有千元價值，台泥七年來資產依舊在，可是股價卻剩下三五元，這是因爲台泥空有資產卻無法創造附加價值。

美國進入矽谷時代，底特律全部汽車工業抵不過一家英代爾，這說明人腦價值取代土地的有利資產價值。從今以後，凡是不能創造附加價值的標的，都不是好的投資標的，例如黃

主要投資工具二十年來報酬情形

單位：%

公元	全球股票	美國股票	長期政府債券	遠東地區股票	黃金
1977	2.00	−7.40	1.30	19.40	22.41
1978	18.22	6.50	−1.10	34.30	−37.01
1979	12.67	18.40	−0.86	6.10	126.55
1980	27.72	32.40	−3.00	24.40	14.45
1981	−3.30	−5.00	0.48	−1.00	−31.57
1982	11.27	21.60	42.10	−0.84	13.94
1983	23.28	22.50	2.20	24.60	−16.50
1984	5.77	6.10	14.70	7.80	−19.19
1985	41.77	31.70	31.50	56.70	6.94
1986	42.80	18.60	24.10	70.00	20.41
1987	16.76	5.20	−2.70	25.00	21.93
1988	23.95	16.40	9.27	28.50	−15.11
1989	17.19	31.60	19.00	10.80	−15.11
1990	−16.52	−3.10	6.30	−23.10	−2.52
1991	18.97	30.40	18.70	12.50	−10.07
1992	−4.66	7.60	8.10	−11.80	−5.63
1993	23.13	10.00	17.40	33.00	17.54
1994	5.58	1.30	−7.70	8.10	−2.39
1995	21.32	37.50	30.90	11.60	1.19
1996	14.00	22.90	−0.83	6.36	−4.64

註：美國股票以S & P 500指數爲準；黃金以現貨價格爲基準；長期公債以李曼兄弟長期公債指數爲準；全球股票及遠東股票分別以摩根史坦利全球指數及遠東指數爲準。

資料來源：富蘭克林投顧

金既不能孳息，又得加付保管金，是最差的標的，房地產則看租金回報率，假如購買房地產，不能創造比銀行定存更高的投資報酬率，房地產就變得很沒有投資價值。在亞洲房地產行情中，香港一枝獨秀，這是因爲有超高的回報率，而台灣則沒有這個優勢。反觀今年憑著腦力創造五〇億元以上獲利的華碩，已創造二千億元市值，華碩沒有土地資產，憑藉的是腦力。美國矽谷揭開高科技時代，台灣也揭開科學園區獨領風騷的年代，憑藉的正是腦力創造高附加價值。

台幣貶值，通膨再起？

新台幣兌美元匯率最近突破三二元大關。當新台幣在短短一個月間貶值幅度達一成時，以進口爲主的產業馬上面臨衝擊，報載大宗物資業者將全面調高售價，沙拉油、麵粉等民生日用品全面漲價，而進口車價則平均上漲八％，家電業也醞釀調漲四％，連中油也都摩拳擦掌準備調高油價，各大報紛紛以「物價漲風，徐徐吹來」爲題。乍看之下，七〇年代的通膨似乎又將掀起。

七〇年代，全球發生了兩次重大的能源危機，一次是在一九七三、七四年，另一次是在一九七八、七九年，當時因爲中東戰爭意外觸發油價大漲，原油價格從原本不及一美元狂奔到四十美元以上，此舉使得全球工業生產成本大增，油價兩度大漲，引發了兩次能源危機。

在通膨肆虐的十年當中，油價飆升，使得錢潮產生大移轉。不生產能源的國家被迫高價購買石油，全世界的錢源源流進產油國家，而這些中東國家又不相信石油美元，於是又用美鈔換進大批黃金，產油國爭相購金，造成黃金在一九八〇年代飆升到一盎斯八四二美元的空前高價。在惡性通膨的理財環境當中，大家以爭取「保值」資產爲第一要務，房地產、土地搖身一變成寵兒，兩度能源危機造成兩次房地產的暴漲。

在二十世紀的一百年當中，七○年代的通膨危機可說是個異數，但是那十年的惡性通膨給大家的印象實在太深刻了，於是對抗通膨立刻成爲投資理財的鐵律，世界各國的政府也是以對抗通膨爲己任。（有關通膨的詳細敘述，參第39頁的「跨世紀投資明星呼之欲出」，以及第46頁的「當人類歷史不再是一部通貨膨脹史」兩篇。）

產品跌價已成九○年代的常態

其實進入九○年代，通膨的壓力已經愈來愈輕，這主要有幾個原因，一是高科技的崛起，人類的技術愈來愈精進，人類設計的機器效率愈來愈好，生產成本不斷降低，於是產品減價成了常態。例如電子產品減價已成了通律，像個人電腦一問世即殺價迄今，去年一台一千美元的電腦已震撼業界，如今五百美元的個人電腦大家已不感奇怪，其他如掃描器、筆記型電腦、監視器等價格都逐步在滑落。

科技產品如此，連傳統產業也都很難避免產能過剩的削價競爭。曾有一廠商生產運動用跑步機，與一位台中同業競爭一張三千台的訂單，他的機種附加功能多，報價比對手高出一八○元台幣，他就痛失那張訂單了，他自認他的報價十分合理，因爲再殺下去一定虧本。可見，很多傳統產業都有如殺戮戰場般，新產品出來沒多久，馬上面臨削價的戰爭，在台灣大家到超市就可感受到價格一日多變的可怕。例如泰山剛推出「純水」，零售價可達三十五元，可是此後價格逐日下調，到了味丹再推出「多喝水」，「純水」與「多喝水」都已雙雙跌到每瓶二十六元了。工業產品殺價是天經地義的事，現在連智慧財產也跟著殺價才是奇觀。

一九九六年香港上演報業減價戰，有的報紙殺到兩塊港幣，有的甚至喊出一塊錢，結果這一戰淘汰了四家報社。更可怕的是減價除了爲自己招來財務上的損失外，銷售量並沒有明顯增加。而這一兩年來，台灣報業也有局部戰爭，《自由時報》堅守十元價格，即令《中國時報》與《聯合報》大感頭痛，《台灣日報》一開打，即喊出每份五元。減價從報業再到雜誌。很多新雜誌甫創刊都以四十九元或三十八元招徠讀者，長期訂戶更是諸多優惠，業者不斷強調物超所值。有一本大開本雜誌創刊時，號稱兩本五十元。這股旋風吹下去，國內大開本雜誌將再成殺戮戰場，減價的結果是瘦了業者，肥了消費者。無法負荷這場資源消耗戰的，則只好自動退出戰場。

九〇年代以來，產品跌價已成了必然的常態，以貴金屬而言，黃金揮別了一九八〇年的八四二美元天價，一度創下三〇七．五美元低價，其他貴金屬單是九七年，跌幅便十分可觀，例如白金每英兩由四二一美元跌至三六三．二美元；倫敦高級銅價，九七年來每噸由二七二〇英鎊跌至二〇三七．五英鎊。白銀價格則是每英兩由五四三．五美分跌至四一九美分，鎳的價格由每噸八一三〇美元跌至六一七〇美元，鋁價由每噸一七六四美元跌至一五六二美元。

再看大宗物資，小麥、玉米、黃豆油都是一跌再跌，即使是棉花，九七年來每磅也是由七八．二五美分跌至七〇．六美分。最近雪梨羊毛價格，每公斤由九六〇澳分急跌到六五〇澳分。而國內毛豬價格，單是五月間還創下每百公斤五八二四元高價，如今居然跌到二一〇〇元。馬來西亞的天然膠報價，九五年每公斤報價高達四八八・五馬分，九七年一度跌入一七三・七五馬分。

進口物價上揚是短期現象

國內很多產業股九七年來股價表現不佳，水泥、紙業、紡織、石化等產業都難有佳作，這是因爲產品持續跌價之故。以石化中間原料爲例，HDPE的行情，九七年上半年每公斤二六・八元，如今跌至二四・四元，PP的行情每公斤由二七・一元跌至二二・九元，化纖一貫廠九七年出現虧損，這是因爲產品跌價不休，例如國內聚酯棉行情每公斤由四十七元跌至三二・三元，而聚酯絲行情，則由每公斤四十九元跌至三十四元，加工後則從每公斤五十九元跌至四十八元，台化生產的嫘縈棉每公斤由五十九元一度跌至四十元。再看鋼品類最大宗不鏽鋼行情，一年來每公斤由六十九元跌至五十五元，這個價格使不鏽鋼業者不得不度小月。如果大家仔細檢視周遭的產業，跌價成了常態，漲價是異常，這應是二十世紀末的鐵律。

而這種供過於求的現象，再從工業產品擴及不動產，台灣近十年來即籠罩在餘屋過剩的惡性循環中，建商不斷推案，空屋遍地都是，房地產行情自然是欲漲不易。現在這種供需失衡的現象又從資本社會再蔓延到共產國家，去年中國大陸四川長虹開始在電視機減價，一次殺價六成，把小廠踢出競爭行列；生產冰箱的青島海爾與廣東科龍不斷殺價求售，也使產能跟不上的小廠愈來愈感吃力。共產社會昔日可以透過生產管制控制物價，如今資本主義的遊戲規則全部派上用場，大廠主導戰局的態勢已成，減價成了逼退對手的必要手段。

環顧台灣的各行各業，目前幾乎都陷於供給過剩的噩夢當中，產業的競爭愈來愈激烈，生產毛利愈來愈微薄。這種現象從傳統產業到高科技電子業都是如此，而廠商爲了生存，又必須擴增產能，不斷削減成本，這又使得原本供給過剩的產業結構更加雪上加霜。結果供給愈多，價格愈跌，產業就在這個物競天擇的鐵律當中不斷上演惡性循環。

這次台幣在短期間劇貶，可能造成進口產品價格上揚，但因爲股價大跌，消費意願猛降，這種進口導致成本推升只是一個短期現象，大家不必太過在意。雖然我們尚無充分證據推論「通貨膨脹已經死亡」，但是全球全面性產能過剩的問題，終將使通貨膨脹很難死灰復燃，台幣貶值，大家不必害怕通膨再起。

八佰伴的和田一夫終於撐不住了

民國八十六年九月十九日，《工商時報》頭版以「週轉不靈，日本八佰伴宣告破產」爲題，報導日本八佰伴由於經營不善，導致財務週轉不靈，由於負債金額高達一六一三億日圓，十八日下午向靜岡縣地方法院申請破產保護，這是第二次世界大戰後，日本流通業最大倒閉事件。受到這個消息衝擊，日本八佰伴股價暴跌，原先有千圓身價的八佰伴日本已跌至五日圓，如果股票被勒令下市，股票將形同廢紙。除了股東受創之外，八佰伴的海外事業也將直接受到衝擊。

舉債買地，鑄下一生大錯

八佰伴日本宣告倒閉，造成頗爲強大的戲劇張力，因爲和田一夫的母親正是日本家喻戶曉的《阿信》連續劇主人翁，八佰伴在一九三〇年成立，創立已六十七年。報載八佰伴日本因爲擴充海外事業導致失敗，事實上，八佰伴日本老早已展開巴西投資，一九七〇年八佰伴更積極到新加坡、北美、香港及中國大陸投資。目前八佰伴直接統轄八佰伴國際、北美、香港及中國大陸投資，在香港直接統轄八佰伴國際、八佰伴香港、八佰伴飲食、八佰伴食品歡樂天地五家公司。一九九七年來，八佰伴在香港五家上市公司業績都顯疲態，例如九六年八佰伴國際獲利六一二〇萬港元，衰退四三．九%，八佰伴香港則虧損一．〇三億，其他如歡樂天地、八佰伴飲食都是虧損。至於上海的八佰伴，由香港八佰伴國際轉投資，八佰伴香港設在淵東張揚路上，號稱是全世界最大的百貨公司，賣場實在夠氣派，筆者曾參觀過，發現上海人進去吹冷氣的比買東西的多，看來要承受一段長期虧損。海外設據點恐怕不是造成八佰伴覆亡的關鍵，眞正的原因是一九九〇年以後，和田一夫改變了經營策略。

在一九九〇年日本股票與房地產產業暴漲以前，和田一夫在全球設據點一直都持只租不買的策略。可是和田一夫在一九八〇年至九〇年代中，默默發現房地產上漲的力道遠超過他在百貨的獲利。到了一九八七年以後，和田一夫眼看著房地產漲價，愈看心裡愈急，終於決定進軍不動產。八佰伴到台灣來投資，都是由邱永漢先生幫他找地蓋大樓，除了開百貨公司外，和田一夫還購買不動產。和田原本想利用郊區帶動消費人潮，因此，台中的八佰伴設在水湳機場附近的中清路上，沒想到八佰伴一廂熱情卻吸引不了人潮，不到兩年，百貨公司都草草收攤，不動產則出脫不易，結果八佰伴在台灣高舉負債，已招來一身內傷。

在一九九〇年代以前，八佰伴因為是收現金的公司，因此高負債經營一直是常態，在日本那麼低的利率水平下，八佰伴更是有恃無恐，可是他到台灣、香港、中國投資，資金成本比日本昂貴，其時他又舉債買地，這時候本業獲利已經不行，沈重的利息負擔使得和田一夫只得咬緊牙根苦撐。在一九九一年和田一夫最風光的時候，筆者隨邱永漢先生到香港海富中心採訪和田，他的辦公大樓之氣派令人嘆爲觀止，可是九五以後，他在香港敗象已顯，最後只得將辦公大樓與最豪華的住宅都賣掉。九七年二月起他開始出售日本的店舖賣給大榮超市。和田一夫不斷自斷手脚力圖自保，無奈仍難敵高額負債的壓力。與其說八佰伴是垮在投資太快，資金週轉失靈，不如說八佰伴是因爲和田一夫一念之錯，他將只租不買的策略改成只買不租的策略，造成大量舉債後，利息吃垮獲利，長期下來終於不支倒地。

收現金的百貨公司也會倒閉

和田一夫到了一九九〇年之後，開始深信百貨公司人潮可以創造地利。他以低價買下郊區土地，百貨公司生意好，人潮湧入，地價一定上漲。邱先生就利用這個模式，在桃園八佰伴對面，推出住宅大樓，這個模式就像股價的炒作模式一般，一開始都會反應過度，沒有多久便回復基本面，回頭一看，土地價格仍在原地踏步，而最後卻因爲利息負擔沈重。大約只要土地六、七年不漲，借錢買地的人已虧光了老本。假如和田一夫不買地，到今天爲止，八佰伴至少可以平安無事，結果連收現金的八佰伴都會倒，台灣的財團該留心了。

這幾年大家已經很習慣利用土地炒作方式賺錢了，例如，高鐵準備發包，至少在八年前已經有很多財團買了沿線土地，包括北二高、北宜高速公路，不論是公路沿線，尤其是交流道出口，大家都認爲路一開，土地價格一定暴漲，爲了土地漲價不惜拉攏政治人物官商勾結。如今大家回頭看看，捷運通車後，沿線房價漲了多少?北二高通車後，沿線土地與房地產又漲了多少？將來最慘的很可能是買高鐵沿線土地的人，因爲高鐵未必有集市功能，而將來如果南北因爲高鐵縮短通車時間，這又代表台灣土地供給能力增強，更加確定土地長期不會漲價。現在大量舉債買地，天天等候土地漲價的財團或個人，將來很可能都是第一波最有可能引爆財務危機的對象。

過去三十年從土地賺到錢的人知道，借錢買地，再用土地質押借錢，再買地，只要土地上漲，獲利可高達十倍，這幾年熱衷於山坡投資的財團都是如此。在通膨時代，物價暴漲，土地是保值利器，如今，這個時代全然不是這麼回事。以美國爲例，美股自一九八二年展開多頭行情，如今已大漲了十一倍，但美國創造了那麼龐大的名目財富，可是九七年上半年通膨率卻創下三十三年來最低水準，可見通膨壓力已經紓解；通膨壓力減輕，土地自然不會是理想投資標的。

現在最危險的是靠借貸擁抱土地的財團，他們都很可能成爲下一個和田一夫。以台灣的上市公司來看，負債較重的公司，如宏總三五・三五億資本額，負債是六一・五億，長億股本六五億，負債是一〇〇億。今年大家一致看好的中華工程上半年每股獲利僅〇・一元，這個月將土地賣給自己關係企業中石化賺了十幾億，問題在中工負債三四二・七億，中工再會賺錢也抵不過利息的支出。再看太設，SOGO百貨公司是生蛋金雞，可是這兩、三年太設負債總額高達二六六・一七億，賺來的錢被拿去銀行付利息去了；這一年來太設力思轉型，開始介入高科技，但仍屬播種階段，得把負債減輕才有轉機。再看最熱中土地的陳由豪，轉投資公司貢獻了龐大利益，可是卻被利息吃光了。

大多數營建公司都背負數十億到上百億負債，目的都爲了囤積「存貨」——土地。上市公司的資產，土地擺在那裡，舉債不多，如萬企、國賓、欣欣尚可維持小康格局，營建公司囤積土地可是需要資金成本的。負債上百億的公司，一年就得付掉十餘億利息，一塊土地如果六、七年不漲，本錢就歸零了。還有一種是打腫臉充胖子型，東帝士集團與遠東集團分別在高雄蓋八十五層及一〇三層大樓，高雄大樓已是供應過剩，這兩棟大樓蓋好，高雄的大樓將如上海浦東一般。正是財團痛苦的開始。建台從蓋大樓宣佈之日，股價從三八・四元，如今僅剩一三・七元，股價已將近打七折了，亞泥的一〇三層大樓，鐵定令道格拉斯徐傷透腦筋。

過去財團發生財務危機都出現在經濟景氣不好的時候，像民國七十年前後，倒閉公司頻傳，民國八十四年第二波倒閉風潮也很可觀，過去個人或財團都是因爲景氣不好被波及而受創。如今很可能是因爲一念之差，一個觀念不對，而使公司招來橫禍。連收現金的八佰伴都會倒，這意味了所有高負債公司都須心懷警戒，借錢買地的營建公司，尤其是大家要提神戒備的大地雷。

這是個嚴酷的財富重分配時代

民國八十五年第一季，台灣正在進行五千年來第一次人民當頭家的民選總統選舉，此時對岸的中共又湊上一腳，對台灣實施幾十年罕見的文攻武嚇，幾顆飛彈分別瞄準基隆與高雄外海。內憂外患交逼之下，國內資金大舉外逃，台灣的外匯存底由一〇〇四億美元急降到八一八億美元，短短半年間，資金流出將近二百億美元，而股價指數則跌破五千點大關，在政府傾力護盤之下才勉強守住四千五百點。

那個時候人心惶惶，高層官員幾乎跪下來懇請國人大膽買進股票，沒想到事隔一年五個月，台灣的股票市場卻是歡聲聲動，不僅一年半前的陰霾一掃而光，而且股市在八十六年七月二十九日終於榮登萬點大關。台股在七十九年從一二六八二狠狠急挫而下，七年之後，再度勇登萬點高峰，很多人內心是五味雜陳。

萬點行情有人悲，有人喜

有人歡欣地擁抱戰果，只因他滿手都是電子股，當然也有人懊悔交加，因爲他一張電子股也沒有·，有人害怕當年金錢遊戲再度重演，更有人害怕萬點之後再來一次大崩盤，挫傷國內經濟。萬點行情有人悲，有人喜，這是因爲國內股市的結構與昔日迥異，八年前的萬點行情是金融股與資產股掛帥的齊漲齊跌行情，如今則是電子股一枝獨秀，證券股風光，而其他類股則暗自垂淚。置身股海的投資人，若能抓得住節拍，將成爲這一輪財富分配的贏家，反之，逆勢操作或是藐視高科技掛帥時代的人，則成了輸家；整個資本市場就像一場革命般，強迫著每一個人或是財團嚴酷地進行一場財富重分配。

股市由四千五百點漲到一萬點，置身高科技產業的上市或上櫃公司成爲最大贏家，其次則是十六家上櫃的證券公司，再次則是抓得住高科技與金融操作兩大主流的投資大衆。我們可用幾個數據來看出這個嚴酷財富重分配的情景。

第一個指標是統計八十六年以來漲幅最大的個股，前十名分別是鴻海、華碩、廣宇、華通、聯電、鍊德、台積電、聯強、光寶、日月光。其中前三名的鴻海、華碩、廣宇，漲幅都逾四〇〇%以上，四至八名的華通、聯電、鍊德、台積電、聯強，漲幅都逾三倍，而排名第十一至二十名的敬鵬、光罩、光磊、志聯、華邦、華泰、所羅門、震旦行、台達電、矽品，漲幅都在二〇〇%以上。從這個漲幅排行榜來看，上市電子股無疑是最大贏家，因爲漲幅前十名個股全部由電子股囊括，而漲幅前二十名中，也只有志聯與震旦行是非電子股，而震旦行則因跨入資訊業而大漲，只有志聯一檔是眞正的非電子股。電子股主控全局，怪不得市場七、八成資金全湧向電子股。

再從總市值的角度來看，到八十六年八月五日爲止，國內總市值排行前二十名的上市公司又產生了重大變化，六月間當台積電總市值超越國泰人壽的時候，市場一度引來極大的震撼，聯電總市值也在八月五日以五二六二・一七億市值打敗國泰人壽，正式成爲第二大市值公司，使國壽從昔日「王者無敵」的至尊地位蛻變爲「老三」，這象徵了台灣昔日由金融保險業掛帥的時代，正式轉化爲IC掛帥的年代，國內兩大IC龍頭成了台灣的翹楚企業。

台灣進入「十倍速」投資時代

前十大市值公司，緊追著的是開發與三商銀，因投資電子股身價大增的開發超越三商銀，也是令人難以意料的事；再次是中鋼與南亞，而宏電則首度擊敗新光人壽成爲第十大市值企業。至此，國內電子公司已有三家躋身爲十大市值公司之列；若再把進軍電子受益的開發及南亞列入，高科技已盤據半壁江山。

而在十一至二十名中，華碩挺進第十二名更是出類拔萃，華碩七十九年建廠，只有八年光景，寫下一八二七億市值的輝煌紀錄，可見腦力時代開創財富的可怕威力；然後是日月光、鴻海、華邦、茂矽、英業達，電子業上市公司又占六家，總計有九家上市電子股擠進前二十大市值的上市公司行列，眞是令人嘆爲觀止。

如果再把時間拉到中共文攻武嚇之後的四月一日與七月底市值相較，個別公司當中，聯強身價暴增驚人，八十五年四月一日聯強市值才僅二一・〇九億元，已快速膨脹到三五八・四一億元，一年半裡市值成長一五九九・七七%，市值的成長比股價的漲幅更可怕。其次則是力捷，去年力捷市值僅三七・七一億元，如今暴增至五一七・七三億元，市值暴增一二七二・九四%；鴻海則由一二〇・七九億元市值漲升到一三五一・一五億元，市值膨脹了一〇一八・六二%；這三家上市公司一年半當中，市值膨脹了十倍以上，充分印證了台灣進入「十倍速」的投資年代。其他如華通、光罩市值都成長了七倍，順大裕、廣宇、國揚、達電則成長了六倍，上述國揚、廣宇都是侯西峰所有，他的身價在過去一年半來也是翻了好幾番。市值膨脹了五倍的則有智邦、光磊、寶成、聯電、志聯及國巨。放眼望去，幾乎全是電子股的天下。

這種漲勢由電子股獨撐大局的現象，也不是台灣獨有。以美國過去一年來股價上漲名列前茅的個股來看，高科技股仍是最亮麗的明星，漲幅最大的戴爾電腦股漲了四三九・三一%。與鴻海、華碩的漲幅已不相上下。再次則是ＡＭＤ、康栢、微軟、美林證券與英代爾漲幅皆逾一倍，這樣的排名很像台灣的電子股與證券股引領風騷；再往下看則是ＩＢＭ、ＴＩ、MICRON、SEAGATE，漲幅皆在八〇%以上，這其中有九檔是電子股，有一檔是證券股。

而再往下看，除了花旗銀行、可口可樂、奇異電器及通用汽車外，也全部都是電子股的天下。再看美國股票過去十年來累積漲帳最大的，如CISCO大漲九一・三八倍，戴爾電腦股大漲七四・一六倍，IOMEGA漲了六一・七六倍，微軟大漲三二・九五倍，英代爾漲了一五・〇九倍。這麼大的漲幅，國內電子股無法與之抗衡。而過去十年來，半導體股上漲了九倍，電腦軟體股平均上漲五・三四倍，可是金礦類股只小漲二二・三七%。這看得出台灣類股走

美日高科技股報酬率（近五年）

	總投資報酬	平均年複合報酬
英代爾（Intel）	1089.54%	64.09%
微軟（Microsoft）	526.66%	44.35%
戴爾（Dell）	2207.58%	87.34%
康栢電腦（Compaq）	1057.18%	63.19%
3COM	1198.59%	66.99%
思科（CISCO）	1205.02%	67.16%
量子（Quantum）	200.93%	24.65%
Seagate	509.09%	43.53%
Adaptec	665.88%	50.25%
夏普（Sharp）	22.39%	4.12%
東芝（Toshiba）	13.08%	2.49%
NEC	59.62%	9.80%
三星（Samsung）	−24.75%	−5.53%

資料來源：DATASTREAM

基準日：1997年5月底

勢比起美國也有異曲同工之妙。

除了美國之外，日本也在新力、松下，NEC、富士通等高科技股領軍下，表現出色；泰國則電子及通訊股最好；即或最近以地產、金融股爲主的香港，也流行起電子股，北大方正、香港聯想、伊利安達等股價相繼大漲，都可看出全球的高科技潮流。國內投資人置身在這個大潮流中順水推舟，可達事半功倍效果，若是逆水行舟則有沒頂之虞。

這一場新舊投資理念之爭，是一場有形資產與無形資產之爭，也是一次腦力時代與土地神話的大對決。從全球這一輪的新風潮來看，高科技與金融操作掛帥的時代似乎已經確立，在這一條大道中，投資人如何依循，大方向已經很清楚了。智慧財產逐漸凌駕有形資產，於是在這個時代，黃金身價大暴跌，房地產再也難有八年前飆升的景況，股票投資成了全球財富重分配的主戰場。

高科技與金融操作蔚爲新主流

假如說，民國七十六到七十八年房市大漲八倍，以及股市大漲二十倍的狂潮，是台灣空前財富分配的一次大機會，那麼，把眼光向前看，在當前資金寬鬆環境下，如何掌握下一次大機會，恐怕是值得國人卯足心力，重新擬定跨世紀投資戰略，全力投注的新課題。

一九九六年是求變的一年，到底什麼是跨世紀的投資新主流？世界人口日漸成熟，全球由四十至五十五歲的人佔大多數，而二十五歲到三十九歲者則是高消費族群，使得旅遊、飲食行業特別興旺，四十到五十五歲這個年齡層的人則是崇尚儲蓄的歲月，買樓、買股票，投資共同基金，購買外幣，或增加儲蓄以便子女出國留學成爲主流。在人口漸減的社會裡，兒童及青少年逐漸在社會扮演舉足輕重的地位，整個社會賺錢與花錢方式已面臨革命性的大轉變。

在新的消費風潮下，一九八〇年代當紅的不動產業漸平淡，取而代之的是青年創業家崛起。例如，股價一度飆向三二〇元的藍天電腦董事長許昆泰是一九五六年次，華碩電腦施崇棠領軍的四虎將——童子賢等年紀都不到四十歲，年輕創業家在高科技領域捲起十尺浪，新科技帶動新賺錢模式，全球進入腦力創造財富的階段。

一九九〇年代最具代表性的有兩位人物，一是創立微軟的比爾．蓋茨，一是代表金融操作的梟雄華倫．巴菲特。科技產業蓬勃發展，是充滿智慧創業家的開闊天堂，而創業投資如影隨形，股票投資仍是九〇年代的主流，而兼具高科技與金融操作兩大主流的投資銀行，將可能是跨世紀投資新主流。

以新觀念挑戰未來投資趨勢

面對資金蠢動，多頭行情欲罷不能的情勢，如何追蹤錢潮流動的方向，將成投資人必須面對的新課題。八十六年股市若與民國七十六年的萬點行情相較，有三個因素是七〇年代沒有的變數，一是外資的開放，爲台灣股市帶來充沛資金，也爲台股造成更大的波動，基本面主導的行情成爲主流，股價的上漲則集中在一些擁有題材的類股或個股。其次是兩岸關係緊密接觸，這個巨大互動，使中國概念股成爲衆所矚目的新焦點。三是台灣增加了一個店頭市場，如今搖身一變成爲投機行情的尋夢園。

這三個十年前沒有的大變數，也爲股市投資人帶來大的機會。昔日大家熟稔的操作概念都必須跟著重組，例如傳統的資產股若沒有資產發酵的因素，純粹靠著幾塊地炒來炒去，可能發生不了太大的效應，因未來資產股，只有像六福一般，因爲開發資產帶來龐大的獲利，而使股價水漲船高，資產股的活性化題材，便成爲首要的要求。這種情況有如中國概念股必須有獲利回報才算數。

再如金融股的投資，與金融操作有關的較容易脫穎而出，例如代表投資銀行的中華開發與交銀，或是多元投資的壽險公司。而房地產業則可能要等到台灣股市重新越過萬點之後才有轉機，但大量推案的地區以消化餘屋爲主，房價上漲不易，稍有機會的是台北市的A級辦公大樓，或是特殊規劃的高檔住宅。未來往家即或同在一條馬路或是隔壁，很可能單價相差一倍，例如，同在台北仁愛路上，鴻禧大樓一坪可賣七十五萬，但隔壁大樓一坪可能只有三十萬元，這是因爲產品規劃跟住客水準有關。台北市新一波的豪宅較有出線的機會，眼前業績乏善可陳的營建股機會不大。

美國高科技暴漲，台灣電子股跟進

八十五年歲末，台灣股市並沒有昔日「秋收冬藏」景況，反而展現頻創新高的格局。高科技與金融操作的兩大理念成爲選股的兩大主軸，這其中代表高科技產業的電子股最先發動凌厲的攻勢。

電子股在民國八十五年七月中旬扭轉了一年半的頹勢，在短短的四個月之內，電子股創下驚人的漲幅：錸德由三二．一元漲到七二元，漲幅高達一二四．三％，漲幅高居第一位；其他大漲一倍的個股包括仁寶、力捷、佳錄、精英、華通及智邦。股價大漲八成到九成的則有光磊、英群、友訊、環電、麗正、光罩、聯強；漲幅在六〇至八〇％之間的則有敬鵬、神達、鴻海、全友、合泰、大衆、矽品、光寶、精業；其他漲逾五〇％的則有宏科、中環、旭麗、致伸、清三、楠梓電與源興。全部的中下游電子股都創下逾五成以上的漲幅，漲勢較落後的ＩＣ類股，在Ｂ／Ｂ值上升到一・一五以上之後。宏電、茂矽、台積電、聯電都有補漲架式。

這一輪的台灣電子股上漲與美國高科技股頗有異曲同工之妙，台灣電子股堪稱是八十五年第四季股市頻創新高的最大功臣。十年前，台股由金融股領軍締造萬點高峰，十年後，台灣的高科技股很可能取代金融股成爲股市的火車頭。

高科技股不但在集中市場發威，八十五年未上市股在八十五年下半年起迭有佳作，華碩與英業達都一度是未上市寵兒，隨後在筆記型電腦熱賣效應下，低價的倫飛、群光也光芒四射，其中倫飛由八十五年初的十二・五元漲向四十元，而群光一度跌到七元，如今也在轉機訴求下，股價登上三十元。

上櫃市場的電子股八十五年表現更搶眼，藍天以二十二元的低價上櫃承銷，挾高獲利居然漲到一五二元，成爲ＯＴＣ的股主，而民生科技上櫃後股價即大漲一倍。上櫃的證券股也開始展開主升段的攻擊，短短不到兩個月光景，大信證券漲幅超過一倍半，吳東昇領軍的台證也大漲一倍以上，中信與台育漲幅逾九成，除了元大證券外，全部的證券股漲幅都超過五成。證券商高獲利大多來自自營部門，這象徵股市邁向多頭，金融操作扮演的角色愈益重要。

八十五年是台股擺脫空頭市場迎向多頭行情最具關鍵的一年，大盤出現電子股與證券股領軍的現象，這意味了高科技產業與金融操作可能是跨世紀投資的兩把祕密武器。

重兵團決戰時代來臨

台灣股市在八十六年四月八日驚爆歷史天量，集中市場在三個小時交易中爆出二三九一億元的超級巨量，而店頭市場也成交了二九四億元大量，如果把兩個市場加起來，總成交值高達二六八五億元。台股在民國七十九年三月十六日揮出二一六〇億元的驚人天量之後，從此股市二千億元巨量成爲絕響，很多人認爲二一六〇億元是空前絕後的天量，沒想到睽違七年之久，台股再度爆發驚人的二三九一億元天量。以昔日舊觀念來看，天量當頭，股價大跌可能就在眼前。沒想到八十六年四月九日的股市開盤即跳空上漲七〇點，當天仍以近二〇〇點長紅大漲收盤，這種景象與七十九年股市逢巨量即展開萬點大跌行情的情境迴異。

二千億成交值闊別七年

爲什麼七十九年乍見二千億元成交值，股市即展開萬點大跌，而這次再見二千億元大量，股市卻不跌反漲？除了股市的循環不同外，七十九年股市飆升，全面皆漲，已出現嚴重的泡沫現象，當時上市公司僅一七九家，大股東逢高檔出貨，再經散戶一路追殺，而接手乏人，自然演出可怕的崩盤大跌。可是時移勢易，股市經過七年調整，上市公司逾四百家，上櫃公司也近百家，此番大漲建立在合理本益比的推升，及大股東全力作多的基礎上，使得漲升基礎格外堅實。四月八日的二六八五億元天量反而成爲一次成功的換手量，這是大盤化解八五九九前波套牢賣壓的重要一擊。同樣大量成交，前者萬點崩盤，後者卻大漲。

股市在七十六年引爆萬點行情，當時引領多頭挑戰萬點大關，最大功臣是金融股，當年國壽由六三元起漲，最高爲一九七五元；三商銀由四○元起漲，最高爲漲到一一二○元左右，當年股價登上千元大關的金融股，除了國壽、三商銀外，開發也曾漲抵一○七五元，北企也曾經到達一一八○元，股價登上千元的金融股即有五家之多。在民國七十年代，台灣正值金融產業百家爭鳴的年代，金融產業散發金色光芒，金融股自然耀眼異常。

可是進入世紀末前夕，投資潮流又面臨空前大轉變，由於電子業發揮驚人競爭優勢，台灣在高科技的地球村中終於取得一席之地，股市的光芒自然由電子股取代。從去年以來電子股的漲勢經常勇冠三軍，成爲主流中的主流，而昔日光芒萬丈的三商銀、國泰人壽魅力已被新興電子業新銳取代。今年華碩漲到七六二元，英業達漲抵三三○元，藍天電腦漲到三二○元，成爲開創台灣股市高股價的三支奇兵；而力捷、聯強登上三○○元大關，也揭開電子股高股價時代的新頁。目前上市電子股六十一檔，上櫃電子股二十六檔，上市加上櫃電子股累積有八十七家之多，電子產業已成爲台灣上市最大族群。

高科技產業取代了金融產業，同樣，在金融產業中，直接金融的投資銀行也取代了間接金融的地位，於是投資銀行中的中華開發可以在金融股中鶴立雞群。而在上櫃市場中，證券股原本股價與新銀行股相當，可是一年不到光景，新銀行只有大安、萬通、台新銀行三家站在三〇元以上，可是證券股卻有元大與京華站上百元大關，富邦、大華、日盛、群益回檔則站穩八〇元高價，即或最低價的台育證券也有五一元，新銀行股價連最低價的台育證券也追不上，這樣的景象，令七十年代的老投資客手足無措。

除了股價大調整外，投資觀念也進入劇變的時代，在七十年代，全球流行用Q比率、重置成本的觀念衡量股價，於是金融股、資產股可拋開本益比的束縛漲不停。可是進入八十年代，由於歐美資金在全球股市尋找獵物，使得本益比觀念廣泛被使用來衡量合理股價。昔日高本益比的個股，股價開始受到壓抑，而業績成長的低本益比標的，則成爲股市寵兒，像民國七十九年才成立的華碩電腦，在去年股票上市後，不到一年光景，即創造了逾八百億元市值，華碩以電子業新銳的姿態，成爲股市耀眼新彗星。現在投資股票，已從昔日技術分析、基本分析，再進入到新觀念對決的時代。投資人必須有全新的觀念，才能因應這個劇變的投資環境。

股市進入到二千億元對決的階段，代表新投資階段的來臨，經過電子股低本益、高成長的訴求後，股市二千億元大量，意味了財團大股東全面對決的年代來臨。股市既然成爲新興資本家的搖籃，具有高度企圖心的企業集團勢將在八十六年股市中一決高下，例如，吳舜文和嚴凱泰母子的裕隆、中華汽車已快速駛出，接著是孫道存的太電、焦廷標的華新也啓動，黃茂雄的東元、陳盛沺的聲寶也逐漸發動，在紡織股中，徐旭東的遠紡、翁大銘的華隆、陳由豪的東雲也逐漸浮出水面。接著是王永慶集團、何壽川的永豐餘，甚至蟄伏已久的中鋼都將逐漸躍出舞台，屆時除了電子股閃閃發亮外，台灣股市將是重兵團大決戰的時代。

瞄準產品具世界一級競爭力的公司

瑞士洛桑學院新年度的全球競爭力排名揭曉，台灣因爲從第十八名猛烈滑落到全球第二十四名，這不但打了連戰開出到公元二千年台灣可以躋身全球前五名支票的一個大耳光，也使國人對國家競爭力長期衰退憂心不已。就在這個時候，經濟部工業局與資策會也完成了一項最近台灣生產的世界第一的產品項目，已由八項躍升爲十五項，在台灣競爭力一片滑落聲中，這項調查爲國人打了一劑興奮劑。

根據調查，台灣產品贏得世界第一的有監視器、主機板、滑鼠、鍵盤、數據機、影像掃描器等八項。如今又增加網路卡、繪圖卡、電源供應器及電子級玻璃纖維布等七項。這十五項產品當中，主機板在全球占有率高達七四％、滑鼠達六五％、影像掃描器則達六四％、電腦鍵盤與數據機都占六一％、電源供應器則爲五五％、監視器是五三％、網路卡則占三九％、繪圖卡則是三八％；這九項是電子資訊產品，若再把占全球二二％的電子級玻璃纖維布加進來，正好湊足十項。其他傳統工業躋身世界第一的則有五項，包括聚酯纖維、ＡＢＳ樹酯、自行車及縫紉機，這些將競爭力提升到全球第一的產業才是台灣眞正的瑰寶。如果再把居全球第二、第三的產品加進來，至少可達三十項以上，電子資訊產品競爭力大幅超前，台灣股市從八十五年起一直由電子股獨領風騷，印證了這個趨勢。

台灣的產業結構，這十年來面臨劇變調整。民國七十五年，技術密集產業只佔工業生產比重的二四％，八十五年則增至三七・五％，到了公元二千年則可達四〇％；而傳統工業的產值則由民國七十四年的四〇％，到八十五年降為二六・六％，預計到公元二千年再降為一二・五％，這可從躋身世界第一的電子資訊產品項目愈來愈多，而傳統工業產品項目卻愈來愈少看出端倪。

八十六年三月，競爭力大師波特（Michael Porter）應連副總統重金禮聘，來台演講台灣競爭力的問題，便一針見血指出，台灣應朝高科技島方向邁進。波特此言，立刻獲得台塑董事長王永慶與長榮集團張榮發肯定與響應。儘管國際愛迪西（IDC）指出台灣內需市場遠遜南韓，資訊、電腦基礎建設也甚薄弱，但是國內資訊業者卻能憑藉旺盛企圖心，使我們名列全球前三大資訊工業出口國，台灣資訊產業的整體戰鬥力不容忽視。

以八十五年全球半導體價格慘跌為例，南韓的三星電子等IC大廠去年業績都衰退九三％，南韓也因為半導體出口值衰退，使國家財政赤字激增，而經濟成長率也由九・三％大跌至七％以下。反觀台灣的半導體產業在全球全面削價競爭中，卻奮力繳出上好成績單，其中台積電稅後純益高達一九四億元，聯華電子獲利達七〇億元，在全球半導體產業不景氣聲中，台灣的半導體產業仍然表現亮麗。由於日、韓大廠已不堪長期虧損，紛紛宣布減產。聯手拉抬DRAM的價格，台灣半導體業又成了大贏家。

目前台灣的半導體產業已取得全球第四的競爭優勢，只落在美、日、韓之後。八十六年半導體業者再度積極擴大投資，四月十日，台積電宣布將斥資四千億元成立「南部製造中心」投資計畫，其中總投資額四百億元的「晶圓大廠」即將在下半年推動。台積電的「南部製造中心」投資計畫，總投資金額超過台塑六輕整個投資計畫的三千億元，成爲台灣跨世紀最耀眼的一項投資大行動。除了台積電外，台灣茂矽也預計在八十七年到南部科學園區投資十二吋晶園廠，總投資金額也將超過千億元。昔日財團投資新銀行，百億元門檻已被視爲高難度，如今晶圓製造大廠投資則動輒以千億元計。

電子資訊產業創業精英人才輩出，目前宏碁集團的施振榮已將宏碁集團深入全球各地，新加坡、中南美洲已有宏碁的海外公司上市，而宏碁子公司則有二十幾家深入國內各個資訊軟硬體產業。力捷集團的黃崇仁在短短十年間成立了二十幾家子公司，聘用員工已逾五千人，而光寶集團則放眼跨世紀營收可達五十億美元，台灣電子業的精英正把大軍開往全世界，政府的競爭力每況愈下，企業的企圖心卻有增無減，值得國人玩味。

台灣產品具有世界一級競爭力的公司，股價通常易漲難跌，例如，主機板有華碩鶴立雞群，電子股始終是股市的主流，這才是關鍵所在。

電子股是明日之星？還是票房毒藥？

在治安惡化，政局紛擾不安當中，國內股市自八十六年四月二十六日的八七五〇折回七八九三，短短的半個月，股市回檔不及一成。但一年來漲勢凌厲，一直位居大盤主流的電子股，在群益投信殺光藍天電腦持股及力捷因誤算股利，致使無償配股由六元縮水為五元；在這兩項利空衝擊下，高價電子股跌勢猛烈，許多先前不敢買進電子股，一直到近期才心癢難耐，高價搶進電子股的投資人無不慘遭套牢厄運。一直以來都是衆星拱月焦點的電子股，如今宛若票房毒藥，到底電子股還有沒有明天？

假如把電子股的跌幅統計一下，跌幅前十名的電子股分別是：智邦由一四五元殺向八一元，跌幅達四四・一三％；二、精英電腦由七四・五元％跌至四三元，跌幅達四二・二八％；三、英群由六九・五元跌至四一元，跌幅為四一％；四、台揚由五五元跌至三三・六元，跌幅為三八・九％；五、鴻友由一九九元殺至一二二元，跌幅為三六・六九％；六、錸德由二三二元殺至一五一元，跌幅為三四・九一％；七、神達由四一・九元跌至二七・七元，跌幅為三三・八九％；八、美格由四六・八元跌至三二・一元，跌幅為三一・四一％；九、藍天由三二〇元跌至二二五元，跌幅為三〇・九三％；十、力捷由二七〇元跌至一八五元，跌幅爲三〇．八五％。跌幅前一〇名的電子股跌幅都逾三〇％，都比加權指數的跌幅還要嚴重許多，顯見，電子股漲起來凌厲，跌起來也很驚人。

股價大跌事出有因

仔細檢視這些大跌的電子股，不外乎是：一、股價炒作過猛，業績不如預期，例如神達、台揚八十六年上半年仍虧損，英群、精英第一季只小賺，基本面撐不住高股價，致股價大跌。二、業績高成長的高股價，股價在高檔遇利空而重跌，例如藍天因群益投信出清持股而大跌；力捷因股利算錯而大跌；鴻友則因爲業外損失吃掉本業獲利，第一季獲利只有四千多萬元，致股價大跌；錸德則驚傳CD-R再殺價，三、四月營收未能再創新高，而使股價大跌；智邦則因英代爾介入高速網路卡而首當其衝。這些股價大跌的個股都事出有因——基本面未符期望，股價撐得太高，不得不向下修正。

這種情況在美國股市也是如此，全美第二大電腦公司惠普（HP）公布截至四月底爲止的第一季盈利爲七．八四億美元，成長八％；營利則爲一〇三億美元，成長了四％；但因業績公布未符合大衆預期，惠普公布業績後，儘管盈利仍成長，但隔日紐約股市開盤，惠普股價在二日之內即大跌六．二五美元，一口氣跌至五二．七五美元，跌幅高達一三％。

九七年五月下旬，世界最大的電腦晶片廠英代爾招致迪吉多控告侵犯微處理器的專利權，英代爾股價從一六二美元一口氣滑落到一五六．二五美元。而在此之前，英代爾介入高速網路卡市場，也使 CISCO 及 3COM 兩家公司股價大跌六成以上。投資高科技股，常因消息面的利多，或對未來遠大的憧憬，而使股價巨揚，例如，八十五年的網景及雅虎（Yahoo!）都因網際網路概念而使股價飆升，如今業績公布，股價反而每況愈下。美國股市的投機炒作絕不下於台灣股市，因此，介入高科技股絕不可忽略基本面的微妙變化。

以美國高科技股在過去四年來撐起美國股市的半邊天來看，電子股未來仍是台灣股市不可或缺的主角，不過介入電子股必須秉持反市場操作態度，當電子股不分好股壞股，股價全面飆升的時候，應是逢高出脫持股的良機。反之，當市場一片肅殺之氣，人人皆曰電子股不可抱之際，又是電子股難得的介入時點，只有在這個時候才有低價可撿，此時在市場風聲鶴唳之際，擇股逢低買進，等待下一次成交量熱滾滾之際，再逢高出脫，應可賺到可觀的差價利益。

高成長股追求高本益比：圓剛科技的範例

主攻多媒體視訊領域，營運正處在高成長階段的圓剛科技，八十六年五月五日以每股五五元上櫃；由於圓剛在上櫃前已達分散標準，因此這次提撥二千張全數由主辦承銷商大華證券及富邦證券吃下，不再對外公開承銷。散戶在一股難求的情況下，股本只有二・一億元，去年度EPS達四・三六元，且今年尚含四元股票股利的圓剛，上櫃後果然一飆不可收拾。圓剛以五五元上櫃，一口氣漲到二七三元，一上櫃股價即大漲三・九六倍，這是民國七十八、九年國內多頭行情結束後僅見的紀錄。

圓剛上櫃後飆漲，為蟄伏已達三個月之久的店頭市場添加了新的燃料，在圓剛帶頭上漲之下，小股本的上櫃電子股都發揮了驚人的漲勢；最受矚目的是含有三・五元股票股利及四〇・七六%現金增資認股的佳鼎，由九五・五元漲到一六九元。其他大漲的還包括英誌，云辰、聯昌、新巨、燦坤、億泰、九德、大騰、良得與漢磊，在圓剛的帶動下，至少有十六檔圓剛股票紛紛創歷史新高。

除了店頭市場受圓剛鼓舞之外，未上市市場也有「圓剛效應」。有了圓剛帶頭飆漲，未上市市場準上市或上櫃、小股本、高權值的個股也都表現十分出色。漲勢最凌厲的首推凌陽科技，該公司資本額六．三四億元，是一家消費性的IC設計公司，年年都保持高盈餘成長，圓剛飆漲後，凌陽一口氣由一五〇元左右跳升到二三〇元左右。其次則是同爲IC設計公司的瑞昱半導體，股價由百元出頭跳升至一五〇元左右；其他小型成長股如資本額三億元的元豐電子漲至一三〇元，資本額六億元的建榮工業漲至一〇〇元，三億元股本的旭龍精密漲至一〇七元，四．一四億元股本的國聯光電漲至一一六元，甚至連資本額已達十六億元的和喬科技也漲至一四〇元。圓剛上櫃股價飆升，成了未上市股市的重要「推手」。

圓剛上櫃一口氣暴漲近四倍，如今股價仍停留在二二〇元以上，圓剛的高股價，至少具有五項優勢，一是小股本的優勢，圓剛上櫃資本額只有二．一億元，今年配股後資本額只有二．九四億元，若再辦一次現金增資，資本額也僅三．四九億元，年年大配股，圓剛迄今仍是小股本，這暗示未來仍有寬廣的增資空間。

第二個特質則是圓剛的高獲利。小股本的圓剛一開業就賺錢，八十年圓剛一千二百萬元資本額，EPS就達三．三元，到了八十一、二年，圓剛獲利分別高達一〇．九一及一六．五四元。隨後大增資，圓剛的EPS仍高達七．七八、六．二四元，去年股本增至二．一億元之後，圓剛的EPS仍高達四．三六元；這樣的高獲利，在一般公司並不多見。第三個特色則是高成長，這包括高盈餘成長及高營收成長，甚至是高的股本成長。

圓剛在七十九年一月成立，八十年資本額僅一千二百萬元，一年營收二千三百萬元，獲利是四百萬元。此後股本由一千二百萬元擴增至二．一億元，營收由二千三百萬元成長至五．

六九億元，八十六年營收預估可達八．七億元，而稅後純益則由四百萬元成長至九千一百萬元；累計六年當中，圓剛股本成長了一六．五倍，營收成長了二三．七四倍，而稅後純益則成長了二一．七五倍。圓剛的高成長特質，可以從這三個角度顯現。

第四個因素則是股市中人最喜愛的高配股因素。先暫時撇開現金增資不談，圓剛在八十一年是一股配一股；八十二年是每千股配六〇〇股；到了八十三年則是每千股配九七〇股；八十四年則是每千股配三七〇股；八十五年則是每千股配四〇〇股。圓剛年年大配股，但是盈利大成長，絲毫不影響其獲利能力。假如是民國七十九年投資圓剛的原始股東，當年一萬股，如今已搖身一變十六萬五千股，假如當年按面額參加原始投資，如今變成十六萬五千股之後，以二二五元市值計，市價已膨脹到三七一二萬元。當年的一〇萬元，增值的速度實在夠快；原始投資圓剛的股本，六年來，投資報酬率高達三七一．二倍，這除了華碩開創的傳奇外，圓剛應該也可以寫下「圓剛傳奇」了。

年年高配股，投資報酬率驚人

長期投資股票，至少必須符合**小股本**、**高獲利**、**高成長與高配股**四個要件。這次集中市場創新高的個股當中，保全業的中興保全與新光保全雙雙創下歷史高價，至少都符合這四個要件。以中興保全爲例，該公司在八十二年以八億元資本額上市，除了八十二年配發二．五元股票股利外，中興保全年年配發三元股票股利。假設在民國八十二年中興保全上市那一年以承銷價買到一萬股中興保全，如今經過多年配股，當年一萬股，到八十五年已變成二七四六二・五股，中興保全資本額由八億元增至一六・九億元，八十六年增資後則達二一・九七億元，當年買一萬股，經過四年，獲利已達五十六倍，即使買到八十二年最高價一二七元套牢，經過年年配股後，如今也有一・五六倍的投資報酬。高配股在高獲利成長中，自然可以享受投資報酬率。

股票市場高配股的魅力，可由下試算表看出：假設一家公司每年無償配股一元，那麼一千股在二十年後可變成六七二七股；如果是每年配二元股票股利，二十年後可配得三萬八三三七股；配三元的話，二十年後可達一九萬四九股；配四元可達八三萬六六八二股；若年年二股配一股，二十年後可配得三三二萬五二五六股；投資者若把股數再乘上股價，投資報酬率將大得驚人。外國股市向來以配息為主，而台灣股市得天獨厚的配股，使得高成長的小型股可以配得更高的本益比。以圓剛為例，該公司八十五年EPS為四・三六元，本益比逾五十倍，但二〇〇元以上圓剛還有人買，主要憑藉是高配股與高成長的魅力。以圓剛八十六年EPS預估可達五・三元來看，八十六年參加圓剛除權，一萬股可配一萬四千股，若是八十七年又配股四元，那麼一萬四千股又變一萬九千六百股，二年之間，幾乎是一張股票變成二張，投資報酬率自然十分可觀。

當然圓剛還符合第五個要件——產業前景看好。圓剛專精於多媒體視訊技術，是未來看好的視訊產業，投資人尋找長期投資標的，除了前四項特質外，產業前景好壞是關鍵。

劉泰英獨力難撐營建股

八十六年六月二十四日,《工商時報》以一版頭條的最醒目標題,指出國民黨看好營建股,並指出黨營投資公司在上半年靠電子股大發利市之後,下半年考慮不再買進電子股,將大力轉進營建股。此時電子股由於漲幅已大,許多人都有居高思危的情緒,對這則訊息,市場都感覺不尋常,是不是國民黨看好下半年行情?還是有幕後不爲人知的內情?而且《工商時報》頭版登出這則新聞,對手報《經濟日報》並沒有跟進。國民黨到底暗藏什麼玄機?大家都感到好奇。

國民黨發了一記空包彈

而六月二十四日那天,國內股市開高走低,指數以九〇一四開出,卻殺到八八九六,這是因爲電子股開高走低殺尾盤,反觀營建股卻因爲國民黨灌注了不知是眞是假的利多,果然紅光滿面。當天,太子、中工、宏福、宏盛、啓阜等多檔股票都在大盤回檔聲中,反而拉到漲停。隨後幾天,因爲前有南山人壽購地,後有國泰人壽跟進,再加上衆多財團相繼參加台北國際金融大樓的競標,一時之間,資產股與營建股似乎有取代電子股的樣子。而在這段期間，中工由二九・一元漲到三九・七元，漲幅逾三六％，宏福、宏盛、達欣、德寶、啓阜等都有逾兩成的漲幅，而因購地受到矚目的壽險股，也都表現出色，股性牛皮的國壽除權前夕由一三六元漲到一六八元，除權後也有不錯的塡權走勢，新光人壽則由八二・五元大漲到一二七元，中國人壽則由五三元拉升到七五元。與資產題材直接相關的資產股，更在農林帶動下，順大裕、厚生、泰豐、南港、中和羊毛、中石化等也都表現出色。

資產股串場幾天，一度聲勢顯赫，可是電子股卻在台積電四千億、聯電五千億元的投資帶動下，發揮更強韌的攻勢。儘管多數守家都聲稱電子股將在「樂觀中毀滅」，可是電子股卻只有在七月二日當天小幅拉回一天，立刻又顯得紅光滿面。聯電、台積電、國巨、金寶、達電、鴻海、大衆等紛紛再創新高，電子股在人人看回的情況下卻頻創新高。原先市場都認爲電子股大漲後會拉回休息，資產營建股將成爲主流，可是這個想法只兌現一天，六月二十四日營建股氣勢如虹，七月二日以後，電子股再度紅光滿面。到了七月九日再回頭檢視營建股，國建、國產、保固、長億、長谷、皇普、昱成、仁翔、宏璟及大陸工程等衆多營建股卻在不知不覺中又回到六月二十四日的起漲區，顯見《工商時報》的頭條爆炸性新聞只有對中工、宏福等少數營建股有效，多數營建股又恢復原來的頹勢。

南科風采搶走營建股風光

資深的股市投資人對民國七十八年的萬點行情都記憶猶新，當年除了金融股大幅飆升外，營建股也是房地產飆漲下最大的受益者，七十八年國建率先飆上了一六九元，七十九年國產更飆上了一八一元，太設也漲到一八九元，小型股的保固飆上了四七五元，連國揚都漲到二一五元，現在的股價指數已逼近七十八年的萬點水準，可是國建只有四五元，國產只有二〇・四元，太設只有二九・九元，最慘的國產只有當年天價的一一％，爲什麼這些老牌的營建股股價會如此不振，說穿了就是業績不夠好。

民國七十八、九年營建股景氣在高潮，國建EPS一度達到一〇・六元，國產一度達二・九二元，太設也有二・五八元，連保固都有二・六一元，可是這幾年營建股景氣日薄西山，除了國揚因侯西峰異軍突起外，這些老牌營建公司因爲股本太大，營收太少，EPS都在一元以下，以八十六年營建股的推案來看，業績實在是嗅不出有什麼轉機，股價憑藉著消息憧憬自難有太強勁的反應，最後仍得回頭測試基本面。

事實上，台灣正奮力朝「科技島」的目標挺進，八十六年七月間電子股各方看回不回，與南部科學園區在七月八日正式掛牌，而台積電也在同一天宣布動土有關。台灣的高科技產業有了活絡的資本市場當後盾，電子業的老闆可以輕鬆從資本市場籌集到資金。而南科能夠順利開發完成，則與台灣房地產從七十八年逐漸回落，不再飆漲有關。民國七十八年土地飆漲，很多企業都感到不勝負荷，必須要出走，台塑六輕曾經爲了土地徵收問題，差點棄走廈門海滄。房地產低迷了幾年，土地的炒作也逐漸落幕，除了都會區土地仍搶手外，中南部因爲政府積極釋出農地，造成地價明顯下滑，而使南部科學園區土地徵收異常順利，再加上台糖的甘蔗園幫了大忙，而使得台南科學園區在國人期待中順利誕生。

南科才剛掛牌成立，如今申請到南科的企業已達三十三家，總投資額高達一兆三千億元，這個投資額已創歷年紀錄，而參與投資的廠商，包括十五家半導體公司，二十一家精密機械廠及三家農業生物公司。成立了十七年的新竹科學園區已爲台灣創造三千億元的產值，有了南部科學園區之後，台灣高科技發展將進入新紀元，建造台灣成爲科技島，也在南科掛牌成立之後奠基。

員工變頭家，股價才能跑得快

八十六年七月二十三日，被視爲股票市場今年超重量級的兩檔除權股——聯華電子與中華開發同時進行除權，結果雙雙開高走低造成股市大回檔。中華開發開盤一四一．五元，收盤卻跌至一三〇元，對散戶投資人來說，參加除權立刻貼權，這是十分傷感情的事。可是對中華開發的員工而言，二十三日是中華開發員工分享公司成長最踏實的一天，因爲今年開發辦理四二．一億元的現金增資，按公司法二六七條規定提撥一〇至一五%供員工認股，開發員工可獲一〇%認股權利，總數高達四二一〇萬股，平均每個員工可獲得認一〇萬股的權益。

中華開發與富邦投信，實施員工分紅配股

假如以二十三日除權第一天收盤價來看，平均一個員工參加認股成本是七一〇萬元，可是開發七月二十三日收盤一三〇元，平均每個員工可以獲利五九〇萬，這樣的高獲利，幾乎使開發員工福利超越華碩、台積電，再創台灣企業員工福利傳奇。

國內報紙曾在八十六年七月四日揭露中華開發員工高額認股及潛在高獲利，而受到輿論熱烈討論，而中華開發小股東也有許多不平之鳴。開發公司當局嗣後也提出三點聲明，其中

特別強調：開發作爲國內最大專業投資機構，本來就需要一流人才，但以目前的薪資和獎金水準來看，和其他金融機構或創業投資與高科技產業相較，只算普通。爲了在改制工業銀行後繼續創造更大發展空間，必須開創員工與股東雙贏策略，徹底實行「員工認股」。

實施員工分紅認股制度，近年來已成爲全世界現代化企業凝聚專業人才，創造永續競爭力的新趨勢。國內的電子產業，這幾年發展迅速，主要是落實員工分紅入股制度，像是聯電、台積電及華碩，都是員工分紅認股有口皆碑的公司。許多傳統產業面臨新思維與舊觀念之爭，通常都是老闆在過年悄悄賞給表現績優員工一個大紅包。

匯豐銀行論功行賞

不過，金融操作行業，隨著股價水漲船高，已回頭照顧員工。開發之外，最近富邦投信率先提出公開發行，並且主動提撥五十萬股分紅配股給員工。富邦投信的員工在投信業薪資相對偏低，這次修改公司章程，提撥五百張股票，以分紅認股方式，給予年資滿三年以上的員工，並規定不得轉讓，離職時以淨值收回。業界認爲這是富邦投信爲留住人才不得不的大轉變，一般預料，除了高科技產業外，金融證券行業是高度倚賴人才行業，員工分紅配股將成爲未來不可逃避的新趨勢。

目前全球的產業翹楚，都是落實員工分紅認股最成功的公司。股價一度飆升到二七九港元的匯豐控股，在一九九五年浦偉士擔任主席後，即論功行賞執行高層行政人員認股制。匯豐在一九九五年的年報中即明文指出：「實行論功行賞與業績掛鉤」的制度。匯豐組織了一個薪酬委員會，第一個指標是衡量集團基本業績的表現，以每股盈利成長來計算，在三年內，集團每年每股盈餘成長都必須較通貨膨脹率高出兩個百分點，行政人員才可以獲得優先認股計畫；通貨膨脹率的計算，則是以匯豐銀行主要業務中心的通貨膨脹率來計算，得出綜合通膨係數。為了確保公平性，匯豐籌組了一個薪酬委員，成員為非執行董事，包括鄧蓮如、蘇海文、葉達誠等人，該委員會負責釐訂集團的薪酬政策，包括分紅計畫、認股計畫及長期獎勵計畫，匯豐充分執行這個計畫，如今已屆滿三年，業績意外年年大幅成長，八十六年匯豐控股有挑戰四〇〇億港元盈利的機會。

微軟員工共享二三〇億美元

而在美國，努力工作為博取高回報已成了天經地義的事。在加州矽谷，由六〇年代的英代爾、七〇年代的蘋果電腦、八〇年代的視算公司（Silicon Graphics）及九〇年代的網景，矽谷企業為員工設立認股權證（Stock option），誘因之巨大，已構成一套全新的企業文化。持有認股權證會讓員工天天充滿希望，白領階級可以變頭家，認股權證已成了企業激勵員工的必殺技法。倘若沒有認股權證，矽谷不可能有今日之地位。有人說美國股市及經濟興旺，完全是拜認股權證之賜。更有人說，矽谷是全球經濟的火車頭，認股權證則是行車用的燃料。過去十幾年來，四百多家上市公司在矽谷冒起，憑藉的就是認股權證。

在美國，不是矽谷的企業，實施認股權證也不落人後，家庭補給站（Home Depot）、星元咖啡（Starbucks）、花旗、美林等老企業都向員工提出認股權證，很多企業員工在加薪與發行認股權證的二選一命題中，都選擇放棄加薪，寧可爭取較大的認股權證配額。這幾年搖身一變成爲美國第二大企業的微軟，就是一家執行股票選擇權最徹底的公司。

微軟的股票在一九八六年上市，上市目的並不是爲了籌資，微軟早已是一家盈利可觀的企業，上市是爲了讓員工利用手上的股票及認股權證賺錢。比爾·蓋茨藉由發放股票和股票選擇權作爲犒賞員工的手段，換句話說，是老闆用股東的錢，拴死員工的心，而只要股價持續上揚，股東也樂得共襄盛舉。

一九九七年第一季，微軟員工把選擇權換成現金的總額高達七·三億美元，平均每個員工賺到三萬二千美元，截至一九九七年三月三十一日爲止，未經行使的認股權證利益高達二三〇億美元，平均每名員工有一〇〇萬美元，目前全世界恐怕沒有一家公司能像微軟一般，拿出二三〇億美元來分享員工的。美國金士頓公司兩位華裔創辦人杜紀川與孫大衛，拿出一億美元犒賞員工即成佳話，而微軟卻是天文數字。結果微軟分享員工給得愈多，微軟成長愈快，微軟兩位老闆——比爾·蓋茨以三六四億美元的身價，依舊蟬聯世界首富，他的最佳拍檔保羅·艾倫也以一四一億美元成爲全球第六大富翁，這意味了老闆將獲利分享員工，給得愈多，公司業績成長愈快，股價當然也跟著扶搖直上了。

台灣的電子股剛剛實行員工分紅的時候，股東都有不平之鳴，後來發現公司給員工愈多，公司成長幅度愈大，業績更好，股價更亮麗，不知不覺中創造了雙贏的契機。這次電子股與開發的員工分紅制度已帶來良性示範作用，有了員工分紅，第一流人才紛紛靠攏，人才、資金齊聚，公司發展將無堅不摧，看來員工分紅已成爲企業不得不走的不歸路。企業老闆若是股票不上市或上櫃，賺錢只是一個人獨享，終將逐漸走上沒落與死亡。

物競天擇：從蘋果電腦與戴爾電腦看電子股

國內股市八十六年裡一度從六七八九一路狂漲到九七二二四，指數計大漲二九三五點，漲幅計達四三・二三％，在全球股市中，台股可說是表現可圈可點。儘管股價漲幅頗大，可是股價的表現卻幾乎完全集中在電子股身上，多數投資人都大嘆操作不易，未來國內股市資金是否一直集中在電子股等少數標的，很值得我們深入探討。

七月十六日，國內股市出現三十年股市史上難得的罕見現象，單是電子股在大盤二五八八億元的成交值當中，即囊括了一七二六・七八億元的成交值，單一一類電子股囊括了大盤六六・七一％的成交量，電子股指數大漲四・五％，而其他類股則全面下挫。更可怕的是其他類股的龍頭股如台塑、南亞、統一、太電、華新、遠紡、華隆、大同、長榮等股都出現跌停或大跌的情況，散戶爲了追逐電子強勢股，不斷殺出不漲的產業弱勢股，造成資金愈來愈集中，整個市場大衆卯勁強攻電子股，已使得電子股出現愈漲愈投機的全面飆升現象，而其他產業股即使業績再好，也只得無奈地連番破底。這種電子股吃香喝辣，其他類股連湯都沒得喝的趨勢如果持續下去，會演變成什麼結果？什麼時候是變盤的臨界點？

錢潮奔向電子股

根據永利證券的統計資料，八十六年以來到七月十五日，漲幅前十名的個股，分別是一、廣宇三五二%，二、聯電三一五%，三、華通二八九%，四、鴻海二七六%，五、錸德二四一%，六、華碩二三五%，七、台積電二二七%，八、敬鵬二〇九%，九、震旦行二〇五%，十、所羅門二〇一%。這十檔個股除震旦行外，其餘九檔全部都是電子股，而震旦行大漲則是因爲轉進電子業，如果再把後面十一至二十名的個股列出，分別是達電、光寶、華邦、力捷、日月光、華泰、志聯、聯強、順大裕及南港，這其中又有七檔是電子股，換句話說，假如今年不投資電子股，獲利的機會可能很有限。更可怕的是假如買到電子股外的弱勢股，後果不堪設想。例如，環球水泥在指數二四八五點的時候，股價還有三三·八元，指數在九千多點，環泥卻跌至一七·七元，應該是跌至一千多點價位，創下有史以來最低價的，還包括和成、燁興、燁隆等，弱勢股股價愈跌愈深，造就強勢股愈漲愈高。

民國七十六年股市從千點起漲，指數漲到七十九年二月的一二六八二，指數漲幅是九一四%，這其中金融股的漲幅則達二一五四%，遠逾加權指數的漲幅，其他產業股都比不上金融股的漲幅，而這次多頭行情，指數由去年三月起漲，迄今上漲七九%，金融股卻僅漲四八%，可是電子股已大漲一九一%，電子股已不折不扣成爲這波多頭行情的主軸。在這種情況下，資金集注的效應愈來愈嚴重，八十六年七月十六日產業股風聲鶴唳的殺盤，意味了強勢股進入最極端的資金掠奪，產業股則是最後的屠殺，變盤之日應不遠。

戴爾創造百倍漲幅

這種現象，在這十年的港股一直都在重演。美國股市也是如此，道瓊指數越過八千點大關，可是美國科技股漲勢更凌厲，美國NASDAQ市場，一九九四年七月一日的指數只有六九〇點，三年後卻已漲逾一千七百點，漲了二十倍或上百倍的個股則不在少數，高科技股的表現遠遠優於傳統產業股。不過，即使是高科技股，企業本身的競爭力也決定了股價的高低，並不是所有高科技股都會大漲，最近個人電腦產業戴爾（Dell）股價大漲，蘋果（Apple）卻大跌，便予人深刻印象。

戴爾原本是一家小小個人電腦公司，一九九〇年二月股價只有〇・七七美元，沒有人注意到這家公司，但是戴爾電腦首創爲客戶量身製造電腦及送貨到家的直銷方法，大力降低成本，然後又新創網路訂貨的新模式，預估今年電腦產品在網路購物上將成長一五至二〇%，單是網路直銷創下的營收即達五億美元以上。從一九九〇年以來，戴爾乃成爲美國高科技股的新彗星；一九九四年戴爾股價才不及五美元，可是隨著業績成長，股價有如沖天炮般，一九九七年以來，戴爾股價從六〇美元左右，一口氣漲到一四五・五美元，單是今年股價即大漲一四二・五%。

就在戴爾、康栢、惠普等業績不斷成長，股價頻創新高之際，曾一度執美國個人電腦牛耳的蘋果電腦，卻在一九九七年七月一日創下十三又八分之一美元的空前低價，這意味了即使走對了高科技產業，可是不但要掌握現在，更要放眼未來，否則將難逃遭到淘汰的厄運。

蘋果愈虧愈多，每況愈下

蘋果公司曾是個人電腦的巨人，所生產的麥金塔電腦無人不知，其市場占有率一度達一一%。一九九一年蘋果公司在聲勢最高的時候，股價一度達到七三·二五美元，當時戴爾、康栢股價都不及一〇美元，IBM也不是對手。八〇年代及九〇年代，蘋果仍居市場主導地位，可是，它太過自信，屢犯錯誤，到了微軟殺出來之後，蘋果電腦的占有率降至五%以下，到了今天，蘋果電腦有如一個奄奄一息的病人。一九九七年七月八日，現年五十四歲的行政總裁阿米尼奧宣布請辭，成爲四年來第三位被逼下台的掌舵者，一九九五年蘋果電腦虧損了十六億美元，阿米尼奧聲稱蘋果電腦業績將有轉機，蘋果電腦股價一度反彈接近二〇美元，可是九七年第一季蘋果大虧，市場占有率又急降到三·五%以下，七月下旬蘋果電腦公布第二季業績，又是虧損局面。單是九五年以來的一年半，蘋果電腦共削減三成人手，兼損失十五億美元，股價則從五十多美元跌至十三美元，每況愈下的蘋果電腦，如今唯一的生機似乎只有等待哪一家公司願意收購它。

目前蘋果電腦年營業額是八十二億美元，總市值僅剩下十七億美元，約值台幣四七五億美元，以蘋果的高知名度及尙有三·五%的市占率，說不定台灣像黃崇仁這般的高科技業者會把它吃下來。

一九九〇年以來，戴爾股價由〇・七七美元漲到一四五美元，蘋果電腦股價卻從七三美元跌至十三美元，經營者能否掌握生機，爲企業創造優勢，這將成了股價的總指標。自八十六年上半年來，台灣股市漲聲一直集中在電子股及證券股，人才加資金創造更多優勢，企業的股價便出現漲者恆漲，跌者愈跌的現象，戴爾及蘋果公司的際遇，值得作爲借鏡。

在錢潮滾向電子股之際，散戶不斷賣出電子股外的其他類股，造成不少績優股股價的破底，這些不分青紅皀白被散戶追殺的非電子股，如果未來成長力道強勁，股價殺低之後，應是很好介入的機會，在電子股買了就漲的投機狂熱下，現在正是最好賺，但也是風險最高的時刻，有耐心的人不妨以澆冷灶的精神，尋找非電子股低本益比高成長股，在散戶爭相殺出非電子股之際，可把握「人棄我取，人搶我捨」的要領，逢高出脫高本益比的投機電子股，轉進低本益比高成長的非電子股。

股價就是經營者的成績單

民國八十六年八月二十日《經濟日報》報導，至八月十八日爲止，共有三十檔股票創下歷史新低，這些個股包括環泥、東泥、嘉食化、卜蜂、惠勝、立大、東陽、東雲、大同、台一、萬有、益航、長榮、燁興、春源、一銅、嘉益、大成鋼。而金融股創新低共有十一檔，災情十分慘重，這其中包括中銀、竹企、北企、南企、高企、東企、興票、華票、萬通、大安，連台北銀行轟轟烈烈上市如今卻跌破承銷價，參加抽籤的散戶都賠。這可以看出指數登上萬點，但是經營績效不好的公司，股價仍深陷在四千點以下。連副總統說股市萬點很健康，這也是論證之一，因爲經營成績好的公司，至少如日月光、台積電、光寶、中環、致伸、亞瑟等股價都創新高，除了象徵了經營者成績，大股東的形象也從股市延伸出來。

民國八十六年，有些上市公司股價創新高，有些創低，那些創新低的公司，經營者都承受了極大的壓力。例如，借殼上市入主皇帝龍的瑞聯建設，隨著皇帝龍股價從四〇元跌破二〇，套牢的散戶每天都打電話罵。再如條件很好的東元電機，也有股東打電話質問黃茂雄，爲什麼東元股價不漲。有些大股東承受不了大壓力，也想找市場人士賣力炒作一下，卻發現沒有基本面，股價怎麼炒都炒不起來，今年很多借殼上市的公司，其實都想在股價上有一番大作爲，可是沒有基本面就沒有股價，股價也許因爲有新主介入，稍微表現好一點，但與預期仍有一段距離，例如，裕豐、民紡、新燕、大魯閣、福昌、宏和都表現不佳，只有亞瑟與國揚較出色。這說明了國內股市進入萬點行情，是基本面掛帥的行情，只要業績好，不必炒作，股價照樣會漲。

在這種情形下，我們看到有些公司開始重整舊山河，希望改善以前的積弊，以提升獲利爲己任，進而爭取法人認同，使股價可以水漲船高。例如太設已提出公元二〇〇〇年八〇〇億的跨世紀計畫，將朝國家重大公共工程、大型複合式商業不動產及生活科技產業三大方向進擊。九七年太設獲利可能仍不會太突出，不過，未來會愈來愈好。國民黨已大舉介入的國產，也亟思變革，該公司董事長張桂芳老先生，建議國產積極轉型，朝高科技產業及創造高附加價值的目標邁進，九七年來國產董事長林嘉政大力整頓關係企業，力圖使國產蛻變，做法也值得肯定。

因爲股價如果只是憑藉主力將股價炒高，基本面沒有改善，最後一定狠狠下來。回顧華國一度炒到四一六元，如今股價不及高檔的十分之一，泰豐、南港都曾炒到三、四百元，但是炒作主力沒有一個有好下場。現在已經有很多上市公司認淸這個大趨勢，奮力朝公司轉型著手。例如，聲寶公司從美國矽谷聘請了一位顧問，這位先生才能高強，可能使聲寶脫胎換骨。裕隆、中華汽車今年衝刺出好業績，如今股價也得到很好的回報。

從這個角度再談到八十六年下半年起的選股方向，一是先選擇產業，假如產業先天上已沒有前景可言，若是大股東又沒有應急之策，股價大致不會有太出色表現，像水泥股及很多的食品股，目前國內上市公司已直逼四百家，再加上上櫃公司，已到達五百家之多，在那麼多的上市公司當中，宜率先選擇有希望的產業。大致說來，電子股是優先的主流，其次是跟著股市欣欣向榮的證券股，第三則是投資大陸有成的中國概念股。這三大族群有八十七檔左右，去掉業績不佳的，可能剩下不到五十檔，再加上十幾檔證券股，及十餘檔有潛力的中國概念股，加起來可能只有七十多檔，剩下來的，大家可以精挑細選今年有高獲利，低本益比的非電子股，這些個股爲數不會超過二十五檔，換句話說，挑選潛力股，已經可以縮小到一百檔的範圍。把重點擺在一百檔精選潛力股上，絕對比在五百檔股票中大海撈針要好得多。

沒有明天的產業就沒有股價

民國八十六年股市走出了新的格局，一是昔日迷信主力炒作的模式全部失靈，連昔日天王主力老雷都警告散戶不可熱中短線操作，否則下場會跟他一樣。今年股市很少出現主力股，最近廣豐集結各方人馬，準備大力炒作一番，但感覺很吃力。二是消息面影響股價的力量減弱，昔日證券記者可以影響股價甚巨，但現在大篇幅報導化纖產品如何好，石化產品能漲多少？股價很可能仍是「水波不興」，讀者已有高度智慧分辨消息的眞僞。即或是號稱天字第一號分析師的劉泰英，也不再能「力拔山兮氣蓋世」，他說得有道理，股市回應就較強烈，說得沒道理，股價也可能無動於衷。三是股市激烈的新世代交替的戰爭，新世代比較容易掌握行情脈動，老的世代常常不知所措。據報導，八十六年很多大專院校學生投入股市的都獲利豐碩，這是因爲他們勇於投資電子股，而且長抱電子股，而老世代則像劉泰英一般迷信營建股與資產股。邱永漢先生一輩子對土地資產也十分執著，他從日本買到台灣，再買到香港，再到中國大陸，這幾年他內心曾天人交戰過，因爲他一輩子都靠房地產致富，如今他終於發現時代的列車往不同的方向開，趕緊暫停自己的投資脚步。

美國的老世代投資者華倫・巴菲特，九七年財富退居世界第三位。有人預測巴菲特的財富很可能會退出前十大榜外，這是因爲柏克夏基金淨值在九七年不但沒有隨著道瓊指數的上漲扶搖直上，反而減退。過去幾年，巴菲特的投資理念被華爾街人士奉爲經典，他所選擇的股票都是他所謂的世世代代成長力不絕的消費性產品跨國企業，尤其是可口可樂、吉利牌刮鬍刀及富國銀行。如今，可口可樂從最高價跌下來，跌幅已達一五・四％，而吉利從高檔滑落，跌幅已達一七・九％，而富國銀行股價更是直直落。結果柏克夏基金在美股大漲中反而毫無斬獲，難怪有人指稱巴菲特寶刀已老，這是因爲今年美國高科技大漲，巴菲特卻嚴重不能認同電子股。戴爾、康栢、微軟這些九七年股價漲幅最大的高科技股，巴菲特卻兩手空空，巴菲特沒有跟上高科技列車，柏克夏基金當然每況愈下了。（詳參第167頁「華倫・巴菲特寶刀已老乎？」）

「觀念」爲股市決勝關鍵

九七年在股市中決勝的關鍵即在觀念，能不能從舊觀念中扭轉過來，將大大影響操作績效。其一是過度重視有形資產，輕視無形資產，死抱資產等待明天漲價的人，很可能從股市中出局。民國八十六年夏天的林肯大郡慘案，李宗賢開發山坡地，在汐止幾乎成了新地王，如今，一生的努力可能化爲烏有，而且，一次重創足夠令他悔恨交加至死爲止。像水蓮山莊的開發，這是人類向大自然宣戰的行爲，這是「逆天」之舉，與這塊地扯上關係，並且大肆破壞水土的財團恐怕都不會有好下場，從國泰蔡家到今天辜家接手，且讓我們拭目以待吧！

其次是沒有明天的產業就沒有股價。久久不注意金融股，回頭一看，高企跌至三七・六元，市值已剩下一七四億，東企跌至二七・二元，市值也剩下一二七・三位。要形容東企與高企的慘狀，可拿證券股與他們來比，現在東企市值與證券股的唐和及台育相當，而高企已經比不上大信證券，竹企與中企比不上群益證券，而北企追不上大華，中國信託銀行也比不上元大。在八十五年以前，銀行家是高高在上的大財團，曾幾何時，這些銀行身價已趕不上號子。阿不拉當年費了九牛二虎之力，拿下東企，現在想想，還不如腳踏實地把富隆經營好趕緊上櫃來得快。甚至今天的票券股可說已跌至骨頭了，仍乏人問津，這說明了無法獲利的企業就沒有身價。同樣以前七月業績來說，高企賺〇・五七億，賺了七個月，比不上證券股獲利最差的台育證券賺一個月，東企賺三千八百萬，可能只有富隆證券一個月獲利的三分之一。證券業壓倒商業銀行，就好像是電子股奪走了傳統產業的風采一般，其間最大的差別即在誰能創造高附加價值。

拿這個原則來選股，只要有耐心在高獲利、低本益比的個股上守住，必然有獲利的機會。

南韓企業公布的九七年上半年業績，五六二家上市公司淨利衰退三二・一％，這其中最大的財團三星旗下十一家上市公司，總營收成長八・七％，獲利卻衰退七四％，大宇集團旗下九家公司，營收成長二〇％，淨利萎縮一・五％，LG集團九家子公司，營收成長一〇％，淨利衰退一二％，而現代集團十七家公司，營收成長八・九％，盈利卻衰退四五％，這都是因爲高額負債吃掉獲利。例如三星負債四一六億美元，是股市的二・六八倍，現代負債四八六億美元，更是股本的四．三九倍。九七年很多財團發生財務危機，例如起亞在上半年虧損一二九四億韓圜，負債一三三．六億美元，是股本的五．二三倍，眞露集團上半年虧損一五六五億圜，負債達四三．七六億美元，負債是股本的八五．九八倍，如今因資金週轉不靈，已宣告破產；而雙龍集團負債一四二．七億美元，上半年虧損一．一億美元，負債是股本的四．〇九倍，如今發生財務危機，正等待政府紓困。

從上述情況可以發現：一、都有高額負債，負債比重愈高，經營愈危險，二、都是經營虧損的公司。上市公司公告財務報表後，有這兩種景況的公司請大家留神。

被低估的市場終將顯現火山爆發般的威力

受到東南亞貨幣危機的影響，一九九七年第三季全球股市幾乎是全盤皆墨。風暴核心的東南亞股市裡，災情最重的大馬、泰國、印尼、菲律賓，除了匯市暴跌之外，股市分別下挫三成至五成不等；亞洲外圍股市，新加坡、南韓、香港亦分別下跌二至三成，連台北股市也大跌一六・一五％回應。而主宰全球股市火車頭的美國，道瓊指數由八二九九跌至七六二〇，跌幅僅八・一％，不但跌勢最輕微，且道瓊指數如今仍直逼八千點大關，NASDAQ市場也頻創新高。美國股市與美元的強勢，在這場經濟風暴中，憑實力通過考驗。不過最令人吃驚的則是，歐洲股市這次表現格外強勁，除了英國股市締造新高價外，俄羅斯股市可說是全球表現最亮麗的市場。

俄羅斯股市三年大漲二六・五倍

俄羅斯股市從一九九四年的八月五日起漲，指數爲七二・一二點，九六年五月之後，俄羅斯股市即如脫韁野馬，衝過二〇〇點大關之後，很快在九六年底前衝過五〇〇點關卡。到了九七年，俄羅斯股市更有如加上渦輪引擎一般，漲勢十分凌厲；通過五〇〇大關的俄羅斯股市，在九七年八月十五日攻至一九八二・二一的歷史天價。全球股市紛紛回檔之際，九七年來累積漲幅已經近三倍的俄羅斯股市卻呈現高檔整理姿態，股價在一千八百點到二〇〇〇點之間進行箱型盤整。俄羅斯股市漲幅居全世界之冠，跌幅卻相對最小，這樣的市場，比起中國大陸深滬A股可能還要可怕。

九七年下半年，東南亞貨幣危機有如一面經濟照妖鏡一般，探照出全球各個不同國家或區域的貨幣、股市及整體經濟實力。大致說來，美國的美股與美元仍是全球超強的經濟地帶，美國國力橫掃全球，已在這場經濟戰中確定。而東南亞諸國這次內傷慘重，恐怕不是三、五年之內就能復活重生。日本、新加坡與南韓也都傷痕累累。不過在亞洲國家當中，中國經濟力開始受肯定，人民幣超強演出，已奠定中國在亞洲的經濟地位；而中國結合台灣、香港形成的「大中華經濟圈」，已成爲亞洲區超強經濟地帶。今後中國取代日本獨領亞洲經濟風騷的態勢將成形，而日本在經濟上恐怕也要逐步與中國靠攏，才能再造生機。美國與中國分別在美洲與亞洲獨領風騷之際，一向自成一格的歐洲經濟體系正綻放光芒。

這次歐洲股市頻創新高，已開始突顯歐洲國家的經濟實力，這次英國、德國、法國等國股市表現強勁，歐洲貨幣聯盟幾經波折，如今統合逐步完成，歐元強勢地位底定。如果按這個趨勢發展下去，那麼以歐洲經濟組織爲核心的歐元，可望逐漸與美元取得抗衡地位，今後美元主宰全球的地位將改變，而歐洲股市將有幾年好景；此時若有東歐及蘇聯加入行列，那麼整體歐洲的實力將水漲船高。

全球股市受到兩大趨勢支配

目前全球股市受到兩大趨勢的支配，一是世界經濟成長仍在加速之中，二是國與國間在經濟資源競爭中日趨激烈。這兩股冷熱氣若撞擊在一起，將使股市進入歷史上較大的波動期。IMF（國際貨幣基金會）預測，未來兩年全球經濟成長率將可達四至四．五％，並且將可擺脫以往經濟繁榮三、四年即進入衰退期的歷史循環軌道，這一波全球經濟擴張將可延續十多年。IMF預測，一九九六年到二〇〇七年間，全球經濟成長率可衝破四．五％，比七〇年代以來平均經濟成長率三．七五％，還高出〇．七五％；而這其中最受矚目的則是發展中國家生產力提高，中國、俄羅斯與東歐國家經濟持續復甦，將刺激全球貿易發展及經濟成長，並且有效降低物價上揚的壓力。

因為七〇年代以來，合占全世界三分之一人口的四個國家——英、中、美、俄，都先後發生過深刻的經濟革命，大大提高了這幾個國家的經濟實力。最受矚目的俄國在經濟大調整中，九七年產值首度回血，股價便一發不可收拾。這四個國家經濟改革都跨越了疆界，西方世界中，加拿大、澳大利亞等也都師法英美，修正了經濟政策而顯現生機，連拉丁美洲也不例外。這股經濟成長力蒸蒸日上，就股市而言，全球經濟基本面一片大好，股市當然也樂觀可期。但是，資源掠奪戰、資金的轉移，也造成股市巨大的波動。東南亞成了全球經濟災區，一是受到中國經濟崛起的傷害，另一方面歐美資金快速移出，更使得經濟雪上加霜。另一個因素則是全球股市形成區域比價的調整，愈來愈激烈。俄羅斯股市暴漲，正是嚴重被低估的市場演出火山爆發式行情的顯例。

俄羅斯股市從九四年迄今，在三年之中漲幅高達二六・五倍，股價已經漲了那麼多，還會再漲嗎？答案是肯定的。最近英國勵晶集團董事長艾偉庭（Peter Everington）專程來台推銷旗下基金，他負責操盤的勵晶「白老虎基金」自從九四年發行以來，以美元計價漲幅高達二四九％，爲全球各東歐基金漲幅之冠。他在接受媒體訪問時指出，俄羅斯股市在九七年來以美元計價漲幅已達一七〇％，但全部俄羅斯股市總市值卻只有美國可口可樂市值的三分之二，這顯示俄羅斯股市嚴重偏低。艾偉庭用可口可樂市值來與俄羅斯股市的市值比較，相比之下俄羅斯股市的偏低就很清楚了。因爲整個俄羅斯那麼大，股市總市值卻不及一千億美元。

艾偉庭又用俄羅斯最大的天然氣公司葛茲普倫（Gazprom）爲例，與美國艾克森石油公司來比價，該公司擁有俄羅斯全部天然氣開採權，相當於全球天然氣蘊藏量的三分之一，約是艾克森天然氣蘊藏量的十三倍，但其股票的總市值卻只有艾克森的七分之一。如果拿葛茲普倫的股價來跟艾克森比價，艾偉庭認爲葛茲普倫公司還可以再上漲九十倍。艾克森石油股價大約是六五美元左右，如果葛茲普倫來與艾克森比價，那麼股價的爆發力將非同小可。

俄羅斯與東歐股市綻放光芒

如果從個股的表現來看，俄羅斯境內最大的銀行股斯柏（Sber Bank，占有率達七五％），九六年五月股價爲五・五五萬盧比，如今漲到一九三・一二萬盧比。一年之中漲了三三・七九倍；俄羅斯數一數二的大石油公司盧克石油（Luk Oil），九六年來從一六二六八盧比漲到一六一八三九盧比，股價也大漲八・九倍。在俄羅斯境內擁有二百座電廠的聯合電力公司（Unified Ener），股價從九五年二月二十四日的八一盧比快速上漲到二六七一盧比，漲幅也高達三一・九七倍。在俄羅斯境內到處是這種漲幅驚人的個股，這主要是因爲蘇聯解體後，整個俄羅斯陷入經濟崩潰的脫序狀態，造成價值被低估；而以俄羅斯擁有的資源，再加上昔日的經濟潛力，如今在經濟體制調整告一段落後，被低估的市場立刻爆出火山爆發般的威力。在當前全球股市中，俄羅斯是被嚴重低估的市場，股價向上修正的力量自然不可忽視。

國人對莫斯科這個幾近封閉的市場所知有限，目前投資俄羅斯的恐怕仍不多，不過這次英國勵晶集團來台開了一扇窗，未來投資人或可將目光放在成長力強勁的東歐或俄羅斯的海外基金，這是我們長期忽視的市場！

國內的電子股從九六年七月以後開始起漲，這其中ＩＣ股則是從九七年六月起漲。昔日電子股因爲沒有土地資產，因此股價長期被低估，本益比才五倍到十倍；到了九六年電子股業績頻創新高，股價開始展現爆發力，這個爆發力從華通、鴻海、聯強，到ＩＣ股的台積電、聯電，不漲則已，一漲就漲了好幾倍，這正是長期被低估的標的開始展現火山爆發般的威力。那麼在台灣的電子股和俄羅斯股市相繼展現這股爆發力之後，誰是下一個火山爆發地帶，值得大家深入追蹤。

錢潮永遠向有希望的標的奔跑

受到東南亞經濟風暴的襲擊，全球外資紛紛將資金撤出台灣，造成新台幣面臨沈重貶值壓力的影響，國內股市自民國八十六年八月二十七日的一〇二五六譜下最高峰後，即展開瘋狂巨挫的行情，指數在電子股帶頭大跌聲中，重要的防線，包括月線、季線、半年線、相繼失守，指數狠狠跌掉二千多點，如此格局實乃空前罕見。

在這段大跌風暴中，國內股市的股價結構也出現罕見的大調整，除了領導大盤攻向一〇二五六的電子股狂跌不已外，在指數從九千點到殺破八千一百多點的回檔過程中，今年漲幅有限的產業股跌幅也十分驚人。最慘烈的莫過於水泥股。水泥是台灣最早上市的族群，這批六〇年代的新貴，進入九〇年代，已逐漸被投資人遺忘，目前上市水泥股有八檔，可是卻有五家創下七十六年一千點股價水準以來的新低價。換句話說，以八十六年十月七日收盤價來算，它們都不如七十六年的一千點股價，昔日高價的水泥股全部都變成低價股，水泥業的龍頭台泥已跌至三五・一元，亞泥上半年EPS達一・七元，全年可達三元以上，但是四〇元大關卻守不住。其他五檔創新低價的水泥股，更是頻創歷史新低價，環泥已跌至一五・五元，建台跌至一三・三元，幸福水泥則跌至一九・五元，信大跌至二七・五元，東南水泥跌到一七・三元，八檔水泥股已有半數是二〇元以下的低價股。

同樣的，在七〇年代領航台灣產業的塑化產業，如今也頻頻出現低股價的現象，七十八年一度漲到二七五元的國喬石化，如今已跌至一八・六元，七十八年飆升到二九〇元的台達化工則是慘跌至一九・三元，七十八年到達二九一天價的台苯則跌至二二・一元；華夏、聯成、台達化紛紛成爲二〇元以下的低價股。至於國內大型一貫化的化纖廠，如今除了遠紡力守三五元大關之外，全部淪爲二〇元以下的低價股，例如華隆一七・五元，中紡爲一二元，新纖則跌至一四・三五元，南紡則跌至一七元，東雲則跌至一五・四元。再看一度是國內產業重鎮的鋼鐵業，王牌至尊中鋼已跌至二四元，連鋼鐵業號稱是優等生的東鋼都跌至二二・一元，豐興也跌至二五・五元，好的鋼鐵股股價都是二十四、五元，即可見鋼鐵股充斥著一堆低價股了。如今燁興跌至一一・五元，燁隆跌至一一・二元，峰安則跌至一二・三元，一銅跌至一三・四元，彥武跌至一四・八元，千興則跌一四・六元，這比起友力以每股三〇元的價位出售剛成立不久、業績尚虧損的友嘉光電股票，瞬間即獲利七億元，看了恐怕要令鋼鐵業感慨不已。

金融股繁華散盡，電子股揚眉吐氣

除了重型產業外，台灣的食品業也是低價股充斥，例如王又曾家族的嘉食化，如今是一一・九元低價，獲利不差的大成也跌至一七・五元，尙德則爲一五元，卜蜂是一七元，福壽則跌至一三元，頻創上市以來低價，台榮與久津則跌至一八・八元，源益跌至一三・八五元，惠勝是一五・二元，食品股低價股林立，正是產業走向低迷的寫照。

不過八十六年股市重臨萬點大關，令大家感觸最深刻的恐怕就是金融股了。民國七十八年至少有六檔金融股創下千元以上高價，包括三商銀都到達一一〇〇元以上，國泰人壽到一九七五元，而開發漲到一〇七五元，北企漲到一一八〇元以上，為台灣股市第一次萬點行情寫下最傳奇的紀錄。可是這一次，同樣是萬點行情，金融股的股價則今非昔比，昔日千元身價的三商銀，如今都不及百元，而七十八年創下一一八〇元的北企，隨著年年增資配股，如今股價已跌至四五元，現在股價只有當年的三・八%，至於七十八年獨領金融股風騷，並創下台灣股市個股最高價位的國壽，昔日一九七五元，如今跌至一二〇元。八十六年與七十八、九年同樣是萬點行情，但金融股則是繁華盡去，不復當年之勇。

反之，電子股則由低價股轉成高價股，今年股市的萬點行情不再有七十八年的千元級大戶，但是華碩今年創下八九〇元高價，已足夠令電子股揚眉吐氣了。八十六年超過三〇〇元以上高價的計有英業達（四二八元）、藍天（三二〇元）、聯強（三二五元）、錸德（三三五元）、華通（三一二元）、鴻海（三四五元）等六檔，至於越過二〇〇元以上的則有達電、光罩、力捷等，高價電子股成群結隊，與金融股只剩一檔國泰人壽成為百元級高價股恰成強烈對比。

昔日的重量級產業，從水泥、塑膠、化纖、鋼鐵，一直到八〇年代的金融股，都曾經在台灣產業發展中獨領風騷，也都一度創下驚人的高獲利，例如台泥在七十八年創下EPS最高達六・○一元的空前紀錄，亞泥在同年EPS更達八・一元，國壽在七十七年及七十八年連續兩年EPS都超過八元，北企在股價飆漲那一年，也創下EPS八・二三元的紀錄，三商銀在七十七年也都有過EPS逾一○元的紀錄。顯見高股價都伴隨高獲利、高成長及高配股而來，當這三個因素逐一消失，股價每況愈下，再也不會回頭。這代表了一個巔峰時代的結束，假如大家對趨勢變化無動於衷，最後只能沈湎在往事中。電子股取代金融股坐享高股價，除了代表台灣跨世紀的主流產業外，華碩是高獲利、高成長、高配股的代表作，未來吸引人的投資標的，必然是那些可以創造高附加價值、高獲利、高成長的公司。

藝術市場脈動敏感

這幾年在藝術品拍賣會上最能看出這個脈動。在一九九○年以前，水墨畫是藝術產業的主流，在拍賣市場上，張大千是超級巨星，溥心畬、齊白石、李可染的作品都十分搶手，張大千的潑彩更是創下千萬元級的紀錄。到了一九九○年代之後，台灣本土前輩畫家抬頭，從陳澄波、廖繼春、李石樵、李梅樹、郭柏川、洪瑞麟、楊三郎、張萬傳，再到張義雄，紛紛在拍賣市場崛起，郭柏川、廖繼春、陳澄波、李石樵等相繼創下千萬元的高價。此時水墨畫逐漸走下坡，齊白石等畫作開始滑落。到了最近兩三年，華人藝術家崛起，登峰造極的是常玉的畫作，也締造逾千萬元高價，然後是潘玉良作品受肯定，而後是朱沅芷、林風眠、朱德群。到了八十六年，則是趙無極、趙春翔領風騷，抽象油畫開始走紅，預計兩三年後很可能是現代畫的天下，前衛藝術家漸抬頭。而此時，昔日拍賣市場常客如張義雄、張萬傳作品在拍賣市場的市況逐漸轉冷，至於水墨市場則十分冷清，這個趨勢脈動，很值得大家注意。

第三部
看十年英雄人物

時代巨輪不斷運轉，
企業家也跟著潮起潮落，
許多企業因調適不良而殞落，
但值得注意的是，
躋身全球國際市場的企業，
往往都能找到寬闊的舞台。

台灣企業的版圖正在重組

渡過中共文嚇，資金大舉外流及房地產跌價，企業倒閉的泡沫經濟危機，台灣的經濟實力從九六年上半年以來，隨著資本市場蓬勃發展，高科技產業競爭力有效提升，而有明顯的增長。而隨著新高科技產業崛起，傳統產業逐漸沒落，財團實力正面臨巨大重組，企業的生態也面對罕見的巨變。

從資本市場的蓬勃發展來看，民國八十六年上半年高科技股價大漲，使得高科技電子公司排名大幅躍升。這其中，台積電以逾六千億市值擊敗市值五千億的國泰人壽，成為台灣第一市值的公司，而聯電也以直逼五千億的市值，穩居第三位。台灣兩大晶圓製造大廠，挾快速擴廠及高度生產績效，不但台積電超過國泰人壽，而聯電也令三商銀相形失色。昔日大企業的排名，國壽、三商銀居首，如今已由新生代的高科技產業超越。這其中更值得一提的是中華開發以靈活的經營手腕，快步超越三商銀，成為台灣第四大企業，而三商銀則是居五、六、七名，其後則是新光人壽居第八，中鋼第九，南亞居第十名。其後則是宏碁、台塑、華碩、茂矽、日月光、交銀、華邦、大同、鴻海及中銀，十一名到二十名的企業，有七家是電子公司，而十六名的交銀則以投資電子業著稱。

這說明了一個現象，台灣傳統產業正逐步走向衰退，而技術創新，不斷擴廠開創利潤的企業，則發展神速，如今老牌的統一企業已被擠到二十名後，亞東集團的遠紡、亞泥，辜家的台泥、中國信託，吳舜文的裕隆汽車及中華汽車，全都被擠到二十名以後。許多胼手胝足奮鬥了半世紀的企業，都不及建廠十幾年的生力軍。

從財團排名看出端倪

除了企業的排名重寫之外，財團的排名也出現新的排列組合。國內第一大企業集團仍是蔡萬霖的霖園集團，王永慶的台塑集團則居第二位，第三位集團則是新光集團，令人驚訝的是施振榮統轄的宏碁集團搶到第四名，新生代企業宏碁集團成爲台灣第四大企業集團，超越了辜振甫家族、徐有庠家族及台南幫。台灣的第五大財團則是徐有庠的亞東集團，然後是辜振甫與辜濂松家族排名第六。第七才是高清愿領軍的台南幫，而躍升爲台灣第八大企業集團的則是太電的孫道存。太電因投資台灣茂矽市值遽增，而使排名超前，第九名是因華邦身價暴漲的華新麗華焦廷標集團，第十名則是電子業後起之秀的日月光張家。在十一到二十名的財團中，依次是蔡萬才的富邦集團、沈慶京的威京集團、宋恭源集團、張榮發集團、何壽川集團、吳舜文集團、許勝雄集團、苗育秀集團、翁大銘集團與黃崇仁集團，名次大幅躍升的後起之秀是沈慶京集團，身價逐漸滑落的首推翁大銘、何壽川，還有張榮發。

從財團排行榜可以看出一個新趨勢，過去主導台灣的產業是金融業，凡有人壽保險公司的金融業者，都成爲台灣的大財團，其次則是經營銀行等的金融業。跨進二十一世紀前夕，財團決戰的焦點則在高科技電子業，參與了電子業的企業排名奮力向前，沒有參與電子業的企業排名每況愈下。而切入電子業的財團又以半導體業爲核心，經過這一輪產業生態的發展，半導體產業已成爲台灣的產業心臟，凡是介入IC的財團，在企業財團排名中，名次都大幅躍升，例如王永慶投入南亞科技，宏碁有德碁半導體、太電有茂矽、華新有華邦，黃崇仁因有力晶半導體而快速崛起，再加上台積電與聯電搖身一變成爲全台第一大及第三大企業，半導體產業在台灣發展的空間可說是無限大。除了半導體產業外，跨世紀前的通訊產業可能是IC半導體產業的另一個明星。目前亞洲國家通訊產業發展快速，台灣的通訊產業連泰國、馬來西亞都追不上，以台灣累積的經濟實力來看，這是一個極大的諷刺，這意味了台灣公營事業每況愈下，民營化速度愈慢，台灣產業的競爭力愈低。

近十年來，台灣金融業才逐步鬆綁，如今已被香港拋在後面，電業由台電公司獨霸，這幾年來發展步調也十分緩慢，而油品市場被中油把持，台灣成爲全球油品最不具競爭力的市場，而電信局把關幾十年的通訊市場，近來才驟然開放，台灣成爲亞洲通訊最落後的市場。

台灣的電子資訊業沒有政府保護，可是有企圖心的財團卻衝出一片天，反觀有政府保護的產業如今反而一蹶不振。從企業財團新生態來看，掌握新趨勢、朝氣蓬勃的企業才能成爲贏家。

傳統產業的悲情交響曲

國內三大工商巨頭，不約而同向政府當局的「戒急用忍」政策宣戰。獲頒勳章的經營之神王永慶鄭重指出，台灣企業不能自外於大陸市場；工總理事長高清愿則指出，赴大陸投資必須先馳得點才有勝算；而向來被視爲李登輝「企業界摯友」的長榮集團董事長張榮發，一席「台灣沒有理由不三通」的談話，更是把企業界試圖挑戰「戒急用忍」的聲浪推到最高點。他們三個人到底什麼算盤？

自從李登輝一席「戒急用忍」談話成爲兩岸金科玉律以來，儘管台商赴大陸投資並沒有因此而被阻斷，但這一年來，台灣產業卻產生很大的質變；除了成爲美國高科技代工中心的電子業表現出類拔萃，大手筆投資更是令人大開眼界。「經營之神」王永慶獲頒勳章當天，便忍不住挑戰國內資訊界，批評他們太愛吹牛，動輒幾千億投資，有惡性炒作股票之嫌。

他的這一席話，也逼得台積電的張忠謀和聯電的曹興誠起而回應。這一番論戰，當事人心裡有數，不過看在外人眼裡，王永慶是有點酸葡萄心理，因爲台灣的傳統產業在高科技產業耀眼光芒遮蔽下，似乎不知道明天在那裡？

長榮集團是「戒急用忍」政策的最大受害者

以高分貝爭取三通的長榮集團張榮發最能了解箇中滋味。目前長榮集團有三家上市公司及一家上櫃公司，這一年來股價指數漲到一萬點，但是長榮旗下個股股價不漲反跌，張榮發旗下的旗艦企業長榮海運，七十七年一度漲到九六・五元，可是現在股價指數在七千點以上，長榮的股價卻跌到三十多元，立榮的情況也是如此；這是因爲張榮發經營的貨櫃輪航運，近年來運價每下愈況，使得經營壓力愈來愈大。

民國八十四年，長榮海運全年獲利三九・三二億，可是八十六年上半年長榮勉強獲利一一・〇二億，業績嚴重衰退。再看立榮海運去年大賺八・〇九億，但八十六上半年才小賺一・五七億，都比八十五年嚴重衰退。

這幾年張榮發往航空發展，也沒有表面那麼風光。長榮航空七十八年成立，這八年來長榮航空虧損了七七・五八億，一直到八十五年才勉強小賺三・一億，長榮航空並且在八十三年一口氣減資六十三億，再增資三十三億，假如沒有張榮發的良好黨政關係，支撐一家不賺錢的航空公司是一椿很累人的事。而張榮發購併進來，後來改名爲立榮航空，已創下連續虧損八年的紀錄；立榮航空連續兩年減增資沒有能力挽頹勢。原先張榮發大張旗鼓發展航空事業，就是看中兩岸直航商機，可是兩岸僵局打不開，張榮發便成爲「戒急用忍」政策下最大的受害者。

到八十五年底爲止，長榮航空總計負債五〇六・七億，單是利息支出一年即將近三十億，連資本額十九億的立榮航空負債也達五十一億，如果再把長榮海運的負債二三八・四四億，以及立榮海運的負債八六・四二億加總起來，單這四家公司負債已高達八八二・五六億，張榮發集團債台高築，假如「三通」遲遲沒有下文，單是沈重負債的利息負累，就可能把張榮發壓得喘不過氣來。張榮發貴爲李登輝摯友，但是在商言商，他也忍不住要對「戒急用忍」宣戰了。

台灣的大財團受制於人才，這幾年都是以傳統產業爲重，眼看著高科技產業頭角崢嶸，而他們卻使不上力，在台灣產業發展受制於許多瓶頸打不開的情況下，大陸市場對他們便形成致命的吸引力。以王永慶爲例，明年六輕即將開工，假如沒有大陸市場爲腹地，六輕必成沈重包袱，這在全世界石化原料產能已達供過於求的情況下，王永慶心中的著急不言可喻。

而台南幫這幾年發展高科技產業頻頻受挫，最後總算在統一超商開花結果。如今台南紡織、統一實業、環球水泥業績都面臨瓶頸，再加上統一拓展大陸市場始終無法力敵康師傅，高清愿心中的無奈可想而知。

擔任全國工業總會理事長的高清愿，八十五年因率工商領袖向江澤民「朝聖」，後來身價一度跌停，不得不暫緩武漢電廠投資案，可是他心繫大陸市場的意志卻從來沒有動搖過。他常感慨統一企業在中國投資多年，卻受限於政府政策，使得統一在中國投資虧損多年。想到頂益集團以「康師傅」之名席捲全中國，頂益年年賺大錢，統一在中國投資卻年年賠錢，更令高清愿為之氣結。

這幾年整個台南幫由於在高科技產業使不上力，使集團發展面臨瓶頸。這其中，環球水泥昔日風光的時候，一年可賺十一億，如今只能勉強小賺三億，而核心集團事業台南紡織昔日一年可賺二十億，如今本業化纖面臨殺價競爭，獲利空間愈來愈小，南紡股價跌至十幾元，都是很傷感的事。

台灣傳統產業的明天在哪裡？

唯一能令台南幫揚眉吐氣的是統一超商獨占台灣物流業鰲頭，年年保持高獲利。但不論是統一企業、南紡、環球水泥，或者南帝化工也好，甚至是統一超商，這些企業的明天都在大陸市場，尤其是統一超商若能進軍大陸市場，進而席捲全中國物流業，這才是潛藏在高清愿心中最大的夢。

台灣的傳統產業，從八〇年代高雄的拆船業逐漸消失後，水泥已淪為夕陽工業，造紙業也幾乎是全面虧損的狀態。航運前景更是急轉直下，貨櫃輪運價每下愈況，散裝輪則是波羅的海指數不斷滑落，航運股逐漸從高價股變成低價股；再看明年石化、化纖和鋼鐵產業，也都得面臨更嚴重的考驗。

當多數產業逐漸淪為夕陽產業，企業轉型又不是那麼順暢，如果「戒急用忍」仍為兩岸經貿最高戒律，多數台灣傳統產業將坐以待斃，財團的明天也不知道在那裡？

這群人正在默默提升台灣競爭力

瑞士洛桑國際管理學院在八十六年六月發表「全球競爭力年鑑」，台灣被評定爲第二十四名，較八十五年的第十八名大爲滑落，更令台灣難堪的是台灣之後就緊跟著中國大陸、泰國，而亞洲的馬來西亞則由二十三提升至第十六。八十五年洛桑學院公布排名，當時兼任行政院長的副總統連戰立刻表示，我們要在本世紀結束前，將全球競爭力的名次提升到全球前五名，可是八十六年不但名次沒有上升，卻反而退步好幾名。台灣不但被馬來西亞拉開，而且，後頭還緊追著中國、印尼、菲律賓，眞是情何以堪，怪不得重要財經官員如江丙坤、徐立德被問到排行榜，莫不一臉惘然。而連院長則要求國人檢討。一向習慣打落水狗的立委諸公則群情譁然，大家都要求連內閣要爲競爭力滑落的問題下台負責。

寶成工業全球化戰略奏效

深究洛桑管理學院評定排外的八項指標，台灣有六項是後退的，只有基本建設一項維持去年的三十名低水準，最令政府當局顏面掛不住的則是，凡與政府效率或施政目標有關的，台灣名次都大幅掉落，例如，在政府效率一項，台灣由第六名退居第十八，中共則連續兩年排第九，台灣政府施政效率居然比不上中共，這是多麼令人難堪的事。另一項指標是國際化能力，台灣由二十四名、二十六名，今年掉到第三十四名，中共則由三十四、二十三再進步到第二十名。政府高喊國際化、自由化的口號，不知已經喊了多少年，但是在外國人的評價中卻是一年不如一年，其他在內部經濟與金融服務兩項，台灣也都是每況愈下。而表現最突出的則是科技發展一項，台灣由第十七名上升到第十一，這顯然與台灣電子業蓬勃發展有關。從洛桑的評鑑可以看出，台灣競爭力的衰退，政府施政效率太差要負最重要責任，反觀不受政府羈絆的民間企業，正默默為提升台灣競爭力努力。

民國八十五年，行政院喊出公元二千年，國民所得提升至二萬美元，競爭力擠進全球前五名，可是近來，政府當局仍僅停留在紙上作業階段，政府提供企業的助力有限，反而扮演掣肘的角色居多，最近因大股東私人到大陸設銀行，被政府在背後「修理」的寶成工業就感受深刻。

寶成從一家本土鞋廠一躍為跨國製鞋大廠，實在堪稱是台灣企業家奮發有成的典範。寶成早期是以大股東私人名義赴大陸投資設廠，獨力在東莞建立了一個擁有六、七萬員工的工業城，這個生產基地以裕元工業的名義投資，並以裕元在國際市場籌資，繼續供應寶成在大陸、印尼及越南的投資行動，寶成的大陸廠則是等到政府核准可間接赴大陸投資，才透過轉投資的寶成工業赴大陸投資。

八十五年，寶成重組，寶成股權賣給裕元，再由寶成買進裕元三成股權，經過這番調整，台灣的寶成成了整個集團最上游的控股公司，所有集團在海外分享這些收益，寶成將研發及鞋材供應留在台灣，台灣的寶成是整個集團鞋材最主要的供應來源，也就是說寶成在海外做鞋子，但獲利最多的原料卻由台灣供應，製鞋業在寶成一向被視爲夕陽工業，沒想到寶成的蔡氏家族卻發展全球性的跨國企業。假如連院長要頒獎給提升台灣競爭力的台灣企業，寶成董事長蔡其瑞很可能名列前茅，可是，如今卻因爲在大陸投資銀行要被政府暗中修理。

再看寶成跨國的實力有多大。寶成控有三分之一的裕元工業總市值已逾一一〇億港元，躍升爲香港上市公司總市值排名第五十的企業，八十六年四月一日起，裕元工業將五股合併一股，可望在八十六年成爲恆生指數成分股，這可是台灣企業的驕傲，鼓勵都來不及了，還打壓？

有了這些全球化布局，寶成工業大股東正在構築二千年的策略版圖，該公司利用多年來辛苦摸出來的中國式鞋廠管理，完成了公元二千年的發展架構，該集團跨國性的鞋業生產線，可達二三條以上，擁有國際品牌的鞋類十五至二〇%的OEM市場。

這種全球化布局，在台灣現在企業中並不多見，現在投資寶成工業的股東可以跟著寶成大股東分享跨世紀的投資戰果，寶成工業股價漲到二〇〇元以上，這是國內投資人給予其高度評價，也是蔡氏家族跨國策略成功，受到高度肯定。

宋恭源寫下光寶集團傳奇

另一個飛躍成長的集團是光寶集團。目前宋恭源統領的光寶集團轄十家企業，旗下已有光寶、旭麗、源興是上市公司，敦南科技是上櫃公司，其他尚包括旭興科技、旭寶、星強電子等公司，八十五年整個集團營業額達三五〇億元，較八十四年的二九三億元，再成長一九．五％。現在宋恭源發下宏願，整個光寶集團以成爲全球前十大光電、電源供應器集團爲目標，將完成三十八座跨國工廠建置，及四項海外公司購併案，今年將再擴大雷射二極體、高速乙太網路、數位影音光碟機、無線鍵盤、數位相機、筆記型電腦等新事業投資。該集團將從上游材料零組件到下游商品垂直整合，獲利能力將提升三至五倍，集團的營業額將以三〇％複式成長，至公元二千年可突破五〇億美元（約台幣一千三百億），光寶將躋身國際級的電子大廠。

以光寶爲例，全球化的布局是光寶最重要的發展策略，光寶目前在泰國、馬來西亞、英國、菲律賓、大陸的天津及東莞都設有生產據點，目前台灣廠的產値已佔不到一成的營運量。光寶去年斥資四億元在大陸天津及東莞增建兩座光電半導體廠，東莞二廠今年二月完工，可達成九億產値，天津廠七月加入營運，八十六年將有七億產値，未來將擴增至二〇億元。光寶在八十年的國勝危機中一度被牽累，宋恭源親自上台面之後，致力整合光寶集團有成，如今，光寶蛻變成全球性的光電大廠，短短幾年光景，已堪稱台灣奇蹟。

談到台灣競爭力，我們想到寶成工業、力捷、光寶集團，他們不需要靠政府幫忙，只靠著創業者驚人的毅力，像蔡其瑞和蔡乃峰兄弟、黃崇仁、宋恭源、陳泰銘、施振榮、曹興誠、許勝雄等都是典範。

電子業新崛起兵團成群

八十六年台積電與聯華電子總市值都到達五千億，短短十幾年光景，電子業已出現兩家五千億市值的公司。隨著股價水漲船高，電子業上市集團如今是枝繁葉茂，競爭力愈來愈強，二十年前電子股一家公司都沒有，到了七十六年好不容易才有三家，到今天為止，上市及上櫃電子公司已達八十七家，除了國勝不支出局外，電子股績優股成群，除了光寶及力捷集團外，宏碁集團已躋身台灣集團企業第七大，台灣的電子業如雨後春筍般，創業豪雄紛紛崛起。宏碁集團的全球化策略，國內無人可與匹敵，而宏碁的軍團化布局更值得注意，如宏碁有建碁、連碁、元碁，明碁則有達碁，宏科則有展碁，而元碁再與德碁成立宏測，最近成立的則有宏碁融資、育碁等，再加上已成立的國碁、立碁、揚智等，林林總總的碁加起來，施振榮已擁有二十多個「碁」字族的公司。施振榮戲稱宏碁是在「碁」人家，宏碁格局之大，無人能出其右。

另一個新崛起的兵團則是金寶與仁寶的許勝雄，八十五年仁寶因筆記型電腦而貴，今年威力似乎更驚人，而旗下原生產計算機與傳眞機的金寶電子，去年起切入影像掃描器領域，也受到高度肯定，金寶與仁寶集團開啓新機運，許勝雄今年實力將大增。

王永慶女婿的大衆電腦，這十年來的高度成長，已令王永慶旗下的台塑、南亞、台化漸感壓力。去年台化營收四一七億，今年大衆營收可望超過四百億，很可能將台化比下去。大衆電腦從個人電腦切入到ＩＣ封裝測試，已成爲一家綜合性電子大廠。目前衆字輩的公司也十分可觀，除了國衆外，有新衆及衆電系統等，這其中，新衆電腦及國衆電腦都準備上櫃，整個大衆電子將形成一個大兵團。到了八十七年，簡明仁的大衆集團將茁壯成型，今後可望擺脫台塑集團的陰影，從此領兵殺出一條新血路。同樣的像國巨電子的陳泰銘，假如奇力新、世昕智寶紛紛上市上櫃，國巨也將成爲一個兵團，未來實力不容忽視。

時代巨輪不斷運轉，企業家也跟著潮起潮落，許多企業因調適不良而殞落，但值得注意的是躋身全球國際市場的企業，往往都能找到寬闊的舞台，台灣的生命力就寄託在他們身上。想要提升台灣競爭力，應該去請敎施振榮、黃崇仁、簡明仁等人，聽聽他們的想法吧！

上市集團排名大風吹

國內股市八十六年在三月一日盤中一度觸及八○○○點大關，這是民國七十八年以來，國人乍見八千點指數。就在這一天，中央銀行副總裁許嘉棟接受記者訪問時，則以嚴肅的語氣提醒投資人要居高思危，要求借錢買股票的投資人要提高警覺。面對熱騰騰的股市，終於有官員出面澆冷水。

回想八十五年的三月，國內正陷於選舉熱戰中，中共突然宣布飛彈試射的範圍就在高雄外海，國內股市聞彈色變，加權指數從四八八三跌至四七二九，這時官員頻頻喊話，希望大家進場買股票，李總統也安慰大家說「安啦」！可是國人直忙著搶兌美元，趕辦移民手續，股市成交值縮水到百億元上下，當時股市總市值縮水到四兆五千億元，幾乎剩下國民生產毛額的一半。沒想到在央行五度調降存款準備率，猛力為股市輸血後，股市在資金推升之下，一年光景，股市暴漲三千多點，股市總市值也由八十五年二月底的四·五兆元暴增至八·六八兆元，而當年猛力為股市加油喊話的央行官員，如今反卻要求大家要「節制」。一般預料，如果股市漲得太不像話，央行可能改變貨幣政策，包括收縮銀根、調高短期利率等措施。僅僅只有一年光景，股市冷熱變化之大，眞是令人目眩。

股市新貴出爐

股市總市值從四・五兆元增加到八・七兆元，一年之間，股市總市值膨脹了四・二兆元。除了參與股市的投資人大豐收外，國內的財團才是眞正的大贏家。股市的大漲使財團身價暴增，也使得財團的財富順位排名重新改寫。如果以八十五年及八十六年的二月二十八日爲基期，八十五年的蔡萬霖及王永慶家族仍排名一、二位，原排名第五的吳東進家族則因爲新壽、台證證券等大漲，加上新光保全上市，總市值由第五躍升第三，而排名三、四名的辜振甫家族及徐有庠家族名次各退居一位。最神勇的則是明碁電腦與宏碁科技新上市，再加上宏碁股價上漲，使得施振榮集團由五四八億元市值暴增到一二三四億元，這一年來，宏碁集團身價增加一二五％，表現可圈可點，施振榮坐穩國內第七大上市集團的地位。

另外，新擠進第九位的蔡萬才家族，則因爲富邦證券與富邦銀行上櫃，身價由四四六・八億躍升到一一六九億元，增長一六一・七五％，榮登國內第九大上市集團。而股價表現不佳的張榮發集團，因集團市值只成長三九・八四％，仍居第八位，而原居第七位的何壽川家族，市值小幅增加三二・二九％，退居十位。處境堪憐的是原居第九大上市集團的焦廷標家族，因市值僅成長八・八％，名次由第九退居第十四。排名第十大的太電集團則退居第十二，最可憐的則是翁大銘痛失農林，旗下企業僅保留華隆與嘉畜，身價由千億縮水到七〇三億元，名次已退居第十六。排名大幅後退的還有東元集團退居第二十三位，士林電機的許淑貞集團則因痛失南港輪胎，身價退至第三十名。

排名往前竄升的財團，除了施振榮與蔡萬才外，表現最出色的首推威京集團，威京旗下四家公司，包括中石化、中華工程、春池建設及京華證券，旗下四家上市公司由市值三四八．七八億元暴增至一〇二六億元，短短一年光景，威京集團市值暴增一九四%，爆發力相當驚人，如今沈慶京已搖身一變成爲國內排名第十一大的上市集團。小沈從一個水手，變配額大戶，如今翻身成爲上市集團新貴，過程充滿傳奇色彩。另一位股市新貴則是吃下南港輪胎的林學圃。林學圃集團統轄南港輪胎國豐興業及楊鐵二家上市公司，總市值已增爲三〇三億，成爲國內第三十二大上市集團。

而在電子業慶豐收之際，國內電子業上市集團身價也跟著大翻身。除了宏電坐上國內第七大上市集團外，單一上市公司的台積電與聯電身價卻超過千億元，以台積電的市值達一六五八億元，排名上市集團第七位，足可擠下宏碁，而一家聯華電子身價也超過一千二百八十億元，也可輕鬆擊敗施振榮、張榮發穩坐第八位。其他單一電子公司，市值逾五〇〇億的則有茂矽、日月光與華碩、英業達，在上市集團已可擠進前二十五名。

電子業大亨身價暴增驚人

八十五年以來，證券股及電子股是股市上升速度最快的兩大類股，再加上店頭市場表現出色，有新銀行上櫃，也可使排名向上竄升。爆發力最強的當推黃崇仁集團，力捷、精英股價相繼大漲，黃崇仁身價暴增三八七％。其次是金寶與仁寶股價上漲，也使許勝雄集團身價由一四〇億元增加到三八五億元，身價成長一七四％。而光寶集團旗下四家公司，光寶、旭麗、源興及敦南科技股價表現出色，市值由二一四億元暴增爲五一〇億元，成爲國內第二十四位上市集團。而建弘證券上櫃，也使洪敏弘身價暴增二九八％，達到二六四．五億元，成爲第三十四大上市集團。另外，中聯信託上市，也使林謝罕見成爲第二十大上市集團，身價五六九億元。萬海航運上市，也使陳朝傳躋身爲第二十一大上市集團。台聚則因吃下華夏、台達及亞聚，一口氣擁有四家上市公司，總市值達五五一億元，成爲第二十二大上市集團。他們都可說是股市新貴。

至於前十大上市集團中，除了施振榮、蔡萬才新進榜，張榮發、何壽川、焦廷標、孫道存往後退之外，八十五年一年，以吳東進的新光集團最吃香，這得利於台證及台新銀行上櫃，新光保全上市，使新光集團一下子成爲七家上市及上櫃公司的大財團，而總市值在一年之內暴增一五五九億元，比起八十五年市值一四五一億元，足足增加了一倍。

國壽與國建股的上漲，也使蔡萬霖身價居高不下，今年蔡萬霖身價已高達六一三六億元，比八十五年足足增加了二五七八億元，蔡萬霖仍是資產膨脹效應下的大贏家。

不過掛名第二的王永慶去年旗下股票上漲市值成長九四．六四％，比起蔡萬霖的七二．四五％還要出色，台塑集團市值由二七一二億元成長到五二七九億，市值增加二五六七億元，已直逼蔡萬霖集團。如果台塑六輕擴廠效應顯現，加上台塑正式介入油品市場，到了八十六年底，台塑集團很有可能成爲國內第一大上市集團。王永慶的企圖心很可能將坐享台灣經濟成果，而把沒有任何投資計畫的蔡萬霖家族比下去。

小沈與馬志玲成股市新貴族

八十六年出現的巨星，威京小沈是其中佼佼者，八十四年底威京闖禍的時候，小沈氣若游絲，差一點被債務拖垮，所幸有貴人相助，一次二千點大行情讓小沈恢復元氣，八十六年小沈大力出擊，股市居然興起「沈慶京概念股」，威京旗下四寶，一年來漲幅十分可怕。

威京集團總市值是聲寶的五倍

如果把小沈旗下公司總市值加總一下，京華證券值達二三二・四億元，中工市值二一一・二億元，中石化是四二四・三二億元，春池則是六九・一二億元，四家公司加起來總市值高達九三七・〇四億元，小沈光芒四射，這個時候沒有人再說小沈有財務危機了。股市造就小沈龐大財富，今後他可挾財力全力開發京華城，進軍香港、中國股市與地產，又可全力搶包台灣工程，只要小沈不發生什麼差錯，今後他將是跨越二十一世紀閃閃發光的巨星。

從小沈，筆者想到奮發圖強，想要有一番作爲的聲寶公司董事長陳盛沺，高聲宣示民國八十六年是「新寶元年」，聲寶準備全力大整頓，但是從股價來看，聲寶看起來像是「睡著了的財團」。

聲寶創立於民國五十一年，迄今已有三十五年的歷史，這家老牌的公司，股價始終都是二十幾元，論總市值只有一九〇億元，聲寶到目前爲止，僅有一家上市公司，陳茂榜、陳盛沺父子辛苦搭建的聲寶王國，如今市值一九〇億元。

拿聲寶來跟威京小沈比，在國內聲望頗高的陳盛沺身價居然只有小沈的五分之一。小沈是民國七十四年從紡織配額大戶轉進股市，沒想到十幾年光景，小沈威力如此之大，反觀有三十五年老資格的聲寶，卻數十年如一日。

民國七十八年聲寶公司總市值一度高達四一六億元，可是陳盛沺接棒後，卻把聲寶的身價縮水一半多。陳董事長在國內聲望頗高，是第二代企業家的領袖人物之一，但統領股價睡著了的聲寶，卻不免令人對聲寶捏一把冷汗。

馬志玲身價領先黃茂雄

企業家的雄圖壯志經常是主導股價發展的重要關鍵，就以這次取得兩張大哥大全國性執照的遠東與太電兩大集團來說，徐旭東取得執照之後，股性牛皮的遠紡居然大漲三一．三％，而太電孫道存同樣取得執照，先前上漲三〇．二％，公布之後卻不漲反跌，外資大買遠紡，出脫太電的操作，也涵蓋了很多的意義。

八十六年股市另一大贏家是元大證券的馬志玲。元大在八十六年一度漲到一九六元，總市值直逼千億大關，馬先生從元大股價累積財富，進而吃下交銀股權，並成爲交銀董事，今後可以結合證券與銀行，進而形成完整的「金融操作王國」，也將是跨世紀的新興企業家。

如果拿元大來與東元相比較，那麼東元的黃茂雄可能是「仍在睡覺的企業家」，民國四十五年創立的東元電機，股價在五〇元上下浮沈，落在元大之後，股價輸了不打緊，東元的總市值僅三七二．八六億元，東元的身價比起元大居然差了一大截。

拿東元跟元大比，逐漸可看出目前股價的弔詭，東元是國內老牌績優股，擁有四三．五九％台安、四二．三八％東訊股權。最近才上櫃的聯昌電子，東元持有四八．二六％股價，聯昌股價將大漲，東元鐵定是最大贏家，另一家獲利也很可觀的東培還有為數龐大的聯友光電、聯電持股，而目前在未上市每股有二十元身價的東元資訊，東元更是其六九．一％的大股東，東元轉投資事業群十分龐大，而土地資產更是為數可觀，單是觀音及中壢廠合計已逾十萬坪，新莊及淡水廠則各有一萬一千坪以上，論價值，東元鐵定在元大之上。

但是，東元似乎睡著了，而使元大扶搖直上。當然股價不能完全反應經營績效，但精明的企業家則會利用股價大漲帶來的財富趁機攻城略地，讓企業王國再擴大。例如威京小沈全力架構京華城，鞏固中石化的經營權，而馬志玲則奮力成為交銀董事。馬先生風光昂揚，全力為元大集團開拓疆土，對照那些睡著了的財團，若不思振作，二十一世紀的企業舞台鐵定被淘汰出局。

目前同類上市的公司，差距已逐漸拉大。例如資產三寶中，工礦、農林浮出水面，台鳳則落居下風，台鳳是昔日資產三寶的老大，如今變成老三，而士林三寶中，原本老二的士電，如今被新紡追過，反變成老三。電子業的影像掃描器，原本老大是全友，如今全友成了老么，而原先老么——力捷與鴻友則互爭老大與老二。

昔日不可一世的華隆翁大銘，如今奄奄一息，而旗下愛將熊名武自立門戶的農林，已有老大的架式。去年仁寶大漲，今年金寶大有起色，許勝雄昔日是陳盛沺的小老弟，如今反而陳盛沺變成小老弟。企業的競爭非常殘酷，時間不等人，一旦踩錯一步節拍，或是稍微怠慢一下，下錯一步棋可能滿盤皆輸，翁大銘的殷鑑值得檯面上的企業家警惕。

股市興起很多新興族群，從威京小沈到元大馬志玲都可說是金融操作成功的典型代表，而上市公司大股東中，春江水暖鴨先知型的，又可以工礦幫及林學圃集團最具代表性。

昔日保守的工礦幫成員，八十五年在股市勇冠三軍，旗下三股漲勢可觀，例如正道從十七元漲到六三元，大漲了二・七倍，如今股價還在高檔，正道創造了四七・二五億元的市值。而更令人刮目相看的則是工礦，昔日資產三寶中，工礦是老么，如今工礦搖身變老大，工礦股價一度衝上百元，工礦去年從二七・九元起漲，漲幅高達二・五倍，而原本在全額交割的中信，大股東將賣地賺到的錢，轉而跨足IC上游的導線架，結果，中信股價去年一年由一七・三元漲到六六・五元，中信股權價也大漲了二・八倍，工礦幫操盤手法神乎其技，旗下三股，每家漲幅都超過二・五倍，且股價穩步上升，跟進者都獲利，工礦幫經過這一役，已經奠定了財富的勝基。

另一位傳奇人物是林學圃，在南港一役雖然鬧得滿城風雨，但是林學圃仍是拿下南港經營權，如今手上握住三家上市公司，從國豐、楊鐵到南港，在財力最困窘的時候，林學圃活力漸增，今年南港因資產而貴，如今股價漲到九三元，林學圃已立於不敗之地，而國豐也展開絕地大反攻，股價也登上六〇元大關，股市大漲的效應，林學圃已充分感受到這個好處。

轉投資效應是下一循環的決戰關鍵

股價的上漲帶動了股東的實力，下一個循環大家宜特別注意上市公司持有豐富轉投資公司產生的水漲船高效應。例如電子股的金寶可視爲高科技結合金融操作的代表作，該公司持有的仁寶原有二二九二四張，除權後已接近三萬張，單是潛在價值即達二十億元，其他像建榮工業、菁英創投等，創造的增值效果都很可觀。

再如塑化股中的國喬，未來表現可能比台苯出色，這是因爲國喬轉投資內涵可觀，目前國喬持有和喬二七．三九％的股數，目前和喬每股股價已逾八〇元，國喬持有和喬四萬多張，潛在價值即高達三千多億元，再把其他轉投資計算一下，三十元左右的國喬已具投資價值。

這類擁有充足實力的轉投資公司可視爲下波選股的依據，包括統一、聯華、東元、聲寶、太電，都是值得留意的對象。電子股中像國巨持有智寶、美格、遠航、奇力新等股權，都有助股價更上一層樓。而源興頻頻增加光寶持股，同樣可使股價水漲船高。這有如本尊已夠強大，如果分身也很突出，股價就容易有表現了。

台積電與聯電的世紀爭霸

ＩＣ產業是台灣最有國際競爭力，最有可能成為製造業龍頭的產業，未來的ＩＣ教父，就是台灣產業的霸主！台積電與聯電快速擴張，有產業策略上的積極意義，也有互別苗頭，誰與爭鋒的較勁味道。曹興誠與張忠謀都是台灣ＩＣ業最早的耕耘者，早年，曹興誠還是聯電總經理的時候，張忠謀還曾經是他的董事長，但這幾年兩家公司各自壯大，曹興誠走不斷轉投資、兵多將廣的集團布局，張忠謀則堅持晶圓代工，採取鞏固核心的精兵策略。十年後，到底誰才是台灣的ＩＣ霸主？

繼台積電宣布未來十年將在南部科學園區投資四千億後，相隔不到一個月，國內另一家晶圓大廠聯華電子由董事長曹興誠親自主持記者會，宣布未來十年聯電將在南部科學園區內投資逾五千億，除了與ＡＭＤ攜手合作外，聯電將跨入十二吋晶圓廠領域，兩家晶圓廠不約而同宣布其逾九千億的大手筆投資案，不但震驚國人，也使國人對ＩＣ晶圓廠的巨額投資案更加充滿興趣，而國內晶圓廠兩大巨頭曹興誠與張忠謀的跨世紀爭霸，更成了科技界的熱門話題。

聯電是台灣IC產業的搖籃

IC工業在台灣還算是相當年輕的產業，民國六十九年，政府爲了建立發展高科技工業環境，吸引海外學人及本國創業家在台灣創業，乃由國科會在新竹成立科學園區管理局，同年聯華電子也在科學園區成立，台灣正式進入IC工業的領域。聯華電子初期由經濟部與交銀主導，交銀占九・八％股權，經濟部則占八・二％，參與投資的財團，包括東元電機（七・三％）、光華投資（五・九％）、聲寶（一・六％）及工研院（一・二％），黨政色彩十分濃厚，首任董事長由前清華大學校長，與蔣經國先生關係很好的國內科技界耆老方賢齊先生擔任，工研院出身的曹興誠則成爲首任的總經理，陳茂榜、杜俊元、金世添、謝森中與耿平等都是聯電的董事，IC產業風雲際會的年代就此開始。

當年政府爲了鼓勵企業投入IC產業，交銀與工研院扮演了重要的推手角色。就在聯華電子成立不久，由交銀主導的大王電子與國善電子也同時在園區成立，交銀當時的三個副理，耿平坐鎮聯電，陳楚菊與白俊男則分別到國善與大王，可惜聯電開花結果了，但大王與國善卻淪爲艱困公司，最後草草收場。

聯電剛成立的時候，靠著電話IC賺到錢，後來電話IC價慘跌，聯電業績一度不振。民國七十一年，聯電資本額只有五億，首度開工的那一年營收只有一・九億，虧損了七七〇〇萬元，這是聯電建廠以來首度虧損紀錄，第二次虧損則在七十九年虧了七・五七億。聯電建廠不久，即由曹興誠自工研院引進大批人才，劉英達、宣明智等陸續加盟。由於ＩＣ產品生命週期短暫，聯電在七十二年七月成立產品開發部，七十三年成功開發了十四個新產品，七十四年再增爲二十八個，七十五年又增加了四十六個，七十六年再完成新標準產品三十七個，這三年來開發的新產品，到了七十四年已爲聯電帶進十二・九八億的營收，聯電的營運從此踏入坦途。

張忠謀與曹興誠原是老搭檔

聯電在本業上奠定勝基後，七十四年正式進軍資本市場，當時國人對ＩＣ產業仍然十分陌生，聯電上市首日股價居然跌停，當天的跌停價十二・〇五元，成爲聯電上市後的最低價。此後聯電隨著業績奮起，股價步步走高，七十四年聯電獲利一・二億，ＥＰＳ爲一・五元。到了七十五年方賢齊退休，張忠謀由工研院院長轉任聯電董事長，有了張忠謀加盟，張曹兩人共同打江山，聯電到七十六年即以九・三四億資本額創下六・一八億的獲利，ＥＰＳ達到六・六二元，此後聯電一直維持高獲利。七十六年國內股市向千點大關挺進，聯電也在七十六年創下一一四元高價。

聯電搭上順風車之後，由德儀出身，向有國內ＩＣ教父之稱的張忠謀，爲使國內ＩＣ產業更上一層樓，民國七十六年在行政院開發基金與荷商飛利浦攜手之下，共同集資成立台灣積體電路。台積電一開始即以ＩＣ專業代工的姿態出現，七十九年一度出現一・四七億元的虧損，此後台積電因爲定位明確，良率愈來愈高，使全球ＩＣ專業代工形象更加顯著，從此邁向高成長之路。而張忠謀在八十年聯電董事長任滿之後，即專任台積電董事長，聯電則由總經理曹興誠繼任董事長，宣明智升任總經理，從此台積電與聯電各走各的路，張忠謀與曹興誠從原來長官與部屬關係，成爲各霸一方的產業巨霸。

在資本的擴張上面，這兩家公司都採積極作爲，聯電與台積電都傾向高額配股，其中聯電與台積電偶爾配現金，但股票股利卻很大，像台積電就曾連續兩年配發八元的股票利，台積電從七十八年股本三二．〇八億，如今已快速成長到四〇八億元，成爲國內資本額僅次於中鋼的大型公司，而聯電則從七十一年的五億資本額迅速向二九三億的股本推進，八十六年配股三元之後，資本額將增至四〇七億元，也將超越國泰人壽，成爲第三大資本額的公司。而這兩家公司近期股價大漲，已使台積電總市值突破五千億元大關，正式超越國泰人壽，成爲國內股市眞正的股王，而聯電市值超越三千億大關，成爲第三大市值公司，這是台積電與聯電能夠宣示四千億與五千億元大手筆投資案的最大憑藉。

目前聯電的保留盈餘有一九一．三九億，而台積電則有二八六．五億，強大的保留盈餘可使公司更大步向擴廠之路挺進。按照目前的態勢，台積電若每年維持五元以上的配股，到了一九九九年，台積電資本額將達九三〇億元，到公元二千年可越過千億到達一三九五億元，這是台灣企業大型化的新里程碑。而聯電今年除權配股僅三元，股本成長稍遜於台積電，但在公元二千年，仍有機會使資本額跨過千億元門檻。

爲了達成千億資本額的目標，這兩家公司必須不斷擴廠，目前台積電不斷擴廠，已完成五廠，而聯電在完成三廠之後，則成立聯誠、聯瑞與聯嘉三家八吋晶圓公司，以兵團化作戰方式，全力向晶圓代工領域挺進。這種集團化的勢力擴張，除了在晶圓廠擴廠努力下功夫外，聯電與台積電在轉投資公司的部署也都卯足全力。

二十一世紀是聯電與台積電的轉捩點

目前台積電投資世界先進，持股二四％，最具分量，其次則是鑫成科技、光罩、台灣信越半導體。以台積電的資本額來看，轉投資事業的陣容略顯薄弱。反觀聯電持有四成左右的聯誠、聯瑞、聯嘉三家子公司，未來光是承銷利益，即可達三六〇億。根據統計，聯電轉投資公司逾三十五家，帳面價值高達近三〇〇億元，未來轉投資事業帶來的成長力，可能比台積電還可觀。

再從人才的凝聚來看，曹興誠頗有孟嘗君作風，他充分授權，獎賞手筆也大。他率領聯電兵團，一向宣稱手中有兩把劍，一把砍別人，一把用來砍自己。在他的帶領下，旗下總經理個個驍勇善戰，個個能獨當一面。

而台積電的張忠謀則是國內半導體之父，他個人資歷豐富，ＩＣ產業如數家珍，他一生幾乎全部奉獻給ＩＣ，不過台積電沒有明星，所有光芒都在他身上。外界除了知道台積電有張忠謀外，除了已離職的布魯克，恐怕只有曾繁城與曾宗琳較廣爲人知，隨著台積電迅速發展，老驥伏櫪的張忠謀，如何率領更堅強的團隊，爲台積電編織出更燦爛的明天，將是國人共同關心的話題。

目前張忠謀仍身兼台積電董事兼總經理，以張忠謀六十六歲的年紀，要他當銀行董事長或許綽綽有餘，但是要他統領台積電市值五千億元的公司，恐怕有點負擔過重。他如何把總經理的棒子交出去，恐怕是當務之急，而放眼國內科技界，有分量坐上台積電總經理的人，恐怕也只有工研院院長史欽泰才夠這個分量。台積電如何增強班底實力，是最大的挑戰。

反觀聯電的曹興誠談笑用兵，快意揮灑，目前聯電的發展似乎比台積電慢，不過曹興誠的布局，很可能使聯電在二十一世紀之後產生更大的爆發力。

張忠謀與曹興誠兩大巨霸之爭，雙方能力都是一時之選，台灣的ＩＣ產業走過十幾年歲月，他們兩人仍是當家人物。而面對跨世紀的戰爭，擅長群架，充分授權的曹興誠似乎比一夫當關的張忠謀較居優勢，畢竟曹興誠仍是五十歲左右的中生代，而張忠謀垂垂老矣。台積電與聯電這一仗，精采可期，但勝負已漸分曉。

台積電總市值超越國泰人壽之後

八十六年五月以來，IC股成爲市場上炙手可熱的熱門標的，台積電除權後又展現強勁的塡權勁道，到了六月二十四日，台積電以大漲六．五元的一二二元收盤，就在這一天，台積電總市值正式超越國泰人壽，成爲眞正的「股王」！

隨著電子股的股價水漲船高，國內股市市值前三十大的公司也跟著重新排列組合，二十四日，台積電以一二二元高價收盤，總市值達到四九七九．一九億，而一直位居股王寶座的國泰人壽二十四日卻小挫一元，以一五八元收盤，市值變成四七九八．九三億，台積電以一八〇億之差，擊敗國泰人壽，成爲台灣股市新股王。

國壽登峰造極寫下時代完結篇

近三十年來，台灣股市隨著產業的興替，股市的股王幾乎是每十年換手一次。在民國六十年代，台灣股市在千點以前，傳統製造業以台塑、南亞獨領風騷，南亞一直是台灣股市的股王。到了民國七十二年台灣股市邁向千點大關，國泰人壽在七十六年率先創下七七七元的歷史天價，正式揭開國泰人壽的黃金時代，那個時代，國壽EPS都在六．七元以上，挾著高獲利、高成長與高配股的特質，國壽幾乎年年都是兩股配一股，國壽在七十八年六月寫下登峰造極的一九七五元天價，台灣股市也正式推向一二六八二點的歷史巔峰，國泰人壽總市值也創下五五七七億元的新紀錄。

股市創下一二六八二點的歷史新高後，台灣經濟出現泡沫經濟後遺症，股市狂瀉到二四八五點，國泰人壽的股價也從一九七五元逐漸回落，年年除權貼權。到了八十二年一月，股市跌至三〇九八點，國壽也跌至一〇〇．五元，國壽總市值慘跌至一二五六．六億元，而三商銀跌得比國壽還慘，國壽市值縮水了八成，但市值依舊是台灣之冠。

在國壽稱王的時代，也是台灣金融掛帥的時代，從七十五年到八十五年，這十年之中，金融股在市值排行榜前十大之中，總是十居八九，依序幾乎是國壽、三商銀、開發、中銀、新光人壽、北企，後面留出一、二席，經常是南亞或是中鋼。但是這個排名在去年起逐漸又有變化，隨著電子股股價愈漲愈高，市值排名逐漸向前推進，金融股市值卻向下滑落，到了八十六年六月二十四日台積電市值超越國泰人壽，台灣股市正式進入高科技時代。

科技股出類拔萃

八十六年上半年台灣股市前十大市值排行榜，從台積電到國泰人壽，之後是聯華電子以三二〇八億躍升至第三位，台積電與聯電在股市市值排行榜中分居一、三位，象徵台灣ＩＣ產業的實力正與日俱增。傳統的三商銀則以三千億左右的市值分居四、五、六名，今年投資電子股金光閃閃的中華開發躍升至市值排行榜第七位，六十年代股王南亞則以二二九五億市值居第八，中鋼排名第九，而新光人壽則擠進第十名。目前的前十大市值公司，金融股仍居六席，產業股則搶下四席，除了南亞與中鋼外，台積電與聯電最具代表性，也點出台灣未來產業發展的新方向。

在十一至二十名市值的公司中，金融股剩下中銀、交銀與世華進榜，分居十五、十六及十八名，而電子業則威風八面，除台塑搶下第十一名外，宏電以一三九二億市值拿下第十二名，大同則居第十三，最受矚目的則是甫上市的華碩，才剛滿半年即以股市新兵之姿立刻搶下股市市值第十四名，華碩二十四日收盤四二二六，市值已達一二七四億，過去金融業的超級巨人中銀、交銀、世華銀行居然都不是華碩的對手，而IC產業的茂矽也以一二一五億市值拿下第十七名，成為第三大市值的IC公司。因統一超商而貴的統一企業，以剛剛越過千億市值居市值排行榜第十九位，IC封裝業的日月光則推進第二十名。

總市值在二十一至三十名之間的分別是台化、中信銀、華邦、英業達、遠紡、長榮、旺宏、鴻海、北企與國建，電子股的華邦到旺宏，前五大晶圓製造廠都進入市值前三十大排行榜內，這象徵了新時代來臨。反觀昔日市值排名在前的長榮海運、台化、國建，名次皆大幅滑落，尤其是七十年代居市值排行榜前十大的北企，名次猛然掉落到第二十九名，看了令人不勝唏噓。

華碩與英業達，新兵立大功

從總市值排行榜來看，華碩、英業達都是八十五年底才闖入股市的新兵，如今都一鳴驚人。而台積電則是八十三年進入股市，結果三年光景便取得榜首地位，更加令人震撼。八十三年台積電剛上市，股價漲到一七七，總市值爲一〇七六億，如今直逼五千億大關，憑藉的是台積電超強的獲利能力，上市第一年即繳出八四・七四億的稅後純益，ＥＰＳ高達一〇・八六元，八十四年台積電稅後純益達一五〇・八一億，ＥＰＳ也達一〇・四八元，到了八十五年台積電稅後純益高達一九四・〇一億，ＥＰＳ仍達七・三一元。台積電上市三年，爲股東賺進四二九・五六億的稅後純益，而八十三、四年都配發股票股利八元，八十五年配發五元股票股利，完全符合高成長及高配股的要求。台積電從民國七十六年二月正式創業成立，如今才正式歡度十周年慶，卻超越民國五十年成立，已有三十五年歷史的股王國泰人壽。

台積電在除權後股本已高達四〇八・一三億，股本僅次於中鋼，以台積電高配股的能力來看，如果八十六年仍然兩股配一股，則八十七年的資本額將達六二〇億。假如ＩＣ前景看好，以台積電的獲利再加上帳上還有二一八六億公積拿出來配，台積電仍有兩股配一股的能力，那麼一九九九年台積電股本將可達九三〇億，如果是配發六元股票股利，台積電的資本額將在一九九九年達到千億目標，而聯電也將在公元二千年跟進。台灣股市台積電與聯電互爭股王，將是二十一世紀來臨前，台灣資本市場的重要戲碼！

國泰人壽不再是永遠的股王

就在台灣股市從八五九九點反轉跌下來的第二天，《經濟日報》在三版頭題的顯著位置上，以斗大的標題寫出：「國壽投資股票太保守，蔡萬霖火大」，副題則稱股票漲了將近三千點，國壽卻沒有賺到錢，召集主管訓誡一番。看到這則新聞，很多散戶投資以為股市天王巨星蔡萬霖準備翻空為多，紛紛搶進國壽的股票，當天國壽成交五十六億元，股價拉升到一八五元，這一拉卻埋下台股崩盤大跌七百多點的命運，而國泰人壽不但沒能成為股市的中流砥柱，反而一再破底下跌，居然跌到一六八元。看到這則新聞視為利多的人，無不損失慘重。

股市老手對國泰人壽都留下深刻印象。民國七十四年，台灣遭逢十信事件的金融風暴，國壽的股價受到蔡辰洲連累，一度跌至六三元。在十信事件前夕，國壽原隸屬蔡辰洲旗下，到了七十年代初期，蔡辰洲用國壽交換蔡萬霖手上的十信及國泰塑膠、國際海運的部分股權，使國壽從此成為蔡萬霖手上一隻每年都生金蛋的金雞，而蔡萬霖辛苦經營的十信卻毀在蔡辰洲手裡。民國七十四年，蔡萬霖兄長蔡萬春子嗣紛紛出事，從此辰字輩兄弟力量式微，反觀蔡萬霖卻因為手上握有國泰人壽及國泰建設，在台灣房地產暴漲，金融業一本萬利的經營環境中，蔡萬霖不但躋身台灣首富，也成為世界級的富豪。

在七十年代，不論是國泰人壽或國泰建設，都是台灣股市響叮噹的金字招牌。例如，在十信事件前，國壽股本是七．八一億元，稅後純益達三．七七億元，每股稅後純益達四．八三元，此後國壽挾著台灣壽險業巨無霸乘風破浪，在十信事件風暴後，國壽反而愈挫愈勇，國壽的EPS由六．三元，推升到七．八元，一路扶搖直上，國泰人壽每年配發的股票股利也從三元變四元，再到二股配一股，國壽年年大配股，可是業績卻年年大成長；民國七十年代，股市最大的成長股，恐怕非國泰人壽莫屬，而國泰人壽股價更是從民國七十四年的六三元，到七十五年推升到一五〇元，七十六年更是暴漲到七七七元，而在七十八年九月在九二四崩盤前夕，國壽更寫下令人驚嘆的一八五〇元天價，到了七十八年股市崩盤前半年，國壽更曾寫下台灣股市登峰造極的天價一九七五元，當時單是一家國泰人壽市值就高達八三六四億元，國壽成爲亞洲超級企業。

國壽、國建績優形象褪色

當時蔡萬霖統轄的另一家上市公司是營建股龍頭的國泰建設。在國泰人壽只有七億多元股本的時候，國建的資本額已達一七．〇八億元，在七〇年代，國建是業績穩健的績優股，業績雖然沒有國泰人壽那麼耀眼，可是國建的EPS卻從來沒有低於三元以下。在當年股價暴漲的年代，國建股價自民國七十四年的二〇．四元起漲，七十五年漲到三四．六元，七十六年暴漲到一三七．五元，到了九二四崩盤前夕，國建已飆升到一八三元，此後，國建股價呈現高檔震盪形態，在七十九年崩盤前夕，國建留下一六八元高價，國建市值最高達五一四億元，蔡萬霖兩家公司卻控有九千億元市值，在七十九年股市崩盤前夕，蔡萬霖旗下兩家公司約控制三六〇億美元市值，不但占台股總市值的十二%，也狠狠把美國最近崛起的比爾・蓋茨比了下去，當時蔡萬霖身價眞可以傲視全球。

七十九年股市大崩盤，緊接著房價也巨挫，在房股兩市大跌聲中，國壽成爲最大輸家，國壽在民國七十八年寫下八・五二元的每股稅後純益後，儘管獲利的絕對值仍在成長，可是EPS已經逐漸走下坡。進入八十年代，國壽的EPS由五・一八元降爲四・〇四元，到了去年再降爲三・五一元。國壽由七十三年七億元股本，如今成爲三〇三億元股本的巨漢，在房地產下挫聲中，再加上壽險業面臨內外夾擊，乃由高成長股蛻變爲穩健成長股。而旗下另一家國泰建設，在七十九年寫下EPS一〇・六元的空前高獲利之後，從此，國建股本愈來愈大，截至八十五年底止，國建股本已暴增到一四三・三四億，可是獲利卻沒有成長力。到八十四年底國建的EPS降爲〇・九五元，八十五年國建的EPS約一・一九元，國建曾是民國七十年代的績優股，可是曾幾何時，國建挺著大股本卻無力再創造高獲利，國建的績優股形象從此褪色。

民國七十年代，是蔡萬霖最風光驕傲的年代，他從蔡辰洲手上接受生蛋金雞，趁著台灣金融業、房地產業股市乘風破浪的時代，新的霖園集團擺脫了十信蔡家的舊包袱，從七十四年的十信風暴以後，到民國八十三年台灣電子股起飛的年代，國泰人壽的霖園集團主宰台灣產業發展長達十年之久，蔡萬霖代表了早期台灣人由土地創造財富，再用土地開啓金融新頁的時代，金融資產時代的蔡萬霖，很快把六十年代的超級巨星——塑膠大王王永慶都超越過去。民國六十年代，全球物資缺乏，石化及化纖產業當道；台塑在民國六十二年股價一度暴漲到八十元，王永慶是台灣不可一世的創業家。到了七十年代，蔡萬霖乘風而起，在蔡萬霖十年黃金歲月，霖園集團單是兩家上市公司即創下九千億市值的驚人紀錄，未來台灣企業誰能登峰造極，且讓我們拭目以待。

蔡家父子望高科技產業生畏

報載蔡萬霖先生生氣了，眞實情況如何不得而知。如果眞有其事，這可從多重角度來解讀。一是國建、國壽進入八十年代後期，業績逐漸走疲，獲利逐漸走下坡，國建已被擠出績優股榜外，而國壽獲利也不再出色，國壽不再能創新業績，股價也從此不再能鶴立雞群。在民國七十年代國建是台灣的股王至尊，頗有「國壽既出，誰與爭鋒」的霸氣，當時，華園、台火、開發、北企等股價都有一度短暫超越國壽的紀錄，但短暫的股王都換來股價大跌的命運，像開發即從一〇七五元後慘跌至五一．五元，台火則自一四五〇元跌至五〇．五元。在進入高科技時代後，國壽的「武林至尊」地位已漸褪色。去年起，電子股的華碩、英業達、藍天股價紛紛超越國壽，新的股王華碩再創下六二五元天價，如今已令一七〇元的國壽望塵莫及，電子股還有不少後起之秀如力捷、聯強、鴻友，也都大大方方地趕上國泰人壽。高科技新尖兵紛紛脫穎而出。

從產業的興衰來分析，現在眞正令蔡萬霖感慨的應該是，霖園集團在台灣始終緊抱土地夢，卻對高科技產業望而生畏。以蔡萬霖年逾七旬的老人來說，害怕高科技是可以理解的事。但七、八旬老人像王永慶仍勇於向南亞科技、亞太投資等新事業宣戰。同樣八旬老翁焦廷標也創下華邦電子、卡本特不銹鋼及主導生化科技的敦品化學；可是十幾年來，國壽仍堅守壽險與房地產本業。到了第二代，台灣企業第二代紛紛投向高科技，可是蔡萬霖的老大蔡宏圖仍在壽險業，老二蔡鎭宇則坐鎭土地營建，蔡家第二代在轉投資高科技產業的行列中缺席，眼看著簡明仁引領大衆，施振榮帶領宏碁集團，黃崇仁蠶食科技產業，而陳春銘意氣風發，國壽卻只能眼睜睜抱著千億元巨資看著別人表演。

股市曾是蔡萬霖家族乘風破浪的搖籃，八十五年中共打飛彈以來，坐擁巨資的霖園集團卻不看好台灣。而昔日人人賴以致富的土地，蔡家第二代卻強烈看好，當年輕第二代在國際舞台上，用自己腦力跟著別人打仗的時候，蔡家第二代卻仍大作土地夢，這實在是一齣反諷劇。蔡家兄弟在起跑線上比人領先一大截，可是自我局限腳步，國壽及國建的明天在哪裡？

霖園集團雖有大樹好遮蔭，可是在現實巨變的環境中，保持不變就是落伍。現在王永慶的基業逐漸追上霖園集團，而年輕的一代像曹興誠、施振榮、黃崇仁正趁勢而起。假如我們放眼公元二千年，霖園是不是還能確保台灣財團首富地位，恐怕有疑問。

新光集團的新挑戰

十年前，新光集團的掌門人吳火獅先生，在會議場一覺不起，突然與世長辭，長子吳東進繼承吳家大事業，潛藏在冰山底下十年之久的新光吳家四兄弟的經營權之爭，八十六年四月二十二日終於石破天驚地浮上檯面。

四月二十二日上午十一點，新光合纖董事長吳東進在證管會限令，必須在四月底前提出八十五年年報及今年第一季季報，召集新纖董事會，準備把一年多來爭論不休的權責問題說清楚。沒想到他的母親吳梁桂蘭女士突然提出臨時動議，亮出事先準備好的吳梁桂蘭、吳東亮、吳東賢、洪文樑及林登山等五位董事聯合簽署書，正式撤換吳東進的董事長職務，並推舉吳東亮為董事長兼總經理，獲悉這項結果的吳東進一臉錯愕，一言不發地離去！

身為吳家的嫡長子，穩坐新纖董事長達十年之久的吳東進，在事先未被告知的情況下遭到撤換，這堪稱是吳家最慘烈的一段家族鬥爭，而吳東進原本擁有十成籌碼，如今居然被三個兄弟與母親連手拱走，情何以堪?更值得一提的是新纖股價，在次日消息傳出後，開盤即跳空上漲〇・三元，終場創下今年最高價，以二五・九元收盤，成交量高達十一・六七萬張。

有人說，吳東進可能會在市場上蒐集籌碼，進行一次大反撲，而新光吳家其他兄弟也可能進一步蒐集籌碼進行經營權保衛戰，因此導致股價上漲；也有一派人認爲吳東進坐鎮新纖十年，新纖始終積弱不振，如今由吳東亮掛帥出擊，新纖今後的營運可能大有轉機。

十年前，吳東進在吳火獅猝逝之後，接下吳火獅遺留的所有職位，四十歲的吳東進統領數千億市值的吳家龐大基業，由他掛帥當董事長的旗下企業，新光人壽、新光合纖、新光紡織、大台北瓦斯、新光吳火獅紀念醫院等十數家公司，以他四十歲年紀，他可與亞東的徐有庠、台南幫的吳修齊、辜家的辜振甫、辜濂松，甚至王永慶、張榮發等平起平坐，這是何等風光的事。可是身爲吳家出類拔萃的掌門人，吳東進始終拘謹得放不開身手，不論在任何場合，他總是拿著書本半遮面，就怕曝光。儘管吳家企業實力雄厚，可是吳東進仍然時時仰賴老丈人許勝發，即使如今已年逾五十，吳東進經營事業的成績單，外界仍然打了問號！

頂著龐大家業，吳東進在外面始終灑脫不起來，而在家族內，吳東進與其他三兄弟更是勢同水火，凡是有吳東亮、吳東昇的場合，一定不會有吳東進；吳家三兄弟可以促膝長談，可是與吳東進半句也講不通。兄弟間的心結愈結愈深，如今終至攤牌！這很可能是因爲吳火獅在十年前猝逝，來不及將家產分妥，吳家龐大基業都落在老大一個人身上，吳東進大權獨攬，因此其他三兄弟的不服逐漸溢於言表。老四吳東昇一度在台證被免職，只好棄商從政選立委，三年立委卸任後，總算搶到台證董事長做，老四管證券，老二吳東賢管投信，老三吳東亮則另闢台新銀行，自任董事長。四兄弟在證券金融領域各擁一片天。

新纖董事會這一役，很可能是新光集團四兄弟步上分家的前兆。新光合纖落到吳東亮手上之後，吳家老三東亮已統轄台新銀行與新光合纖兩家公司，台新銀行去年經營績效在十六家新銀行中名列前茅，可算是對吳東亮一大肯定。這次新纖股價上漲，頗有迎接吳東亮高升董事長慶賀之意。而老四東昇棄政再從商之後，今年台證搭上股市順風車，也有一張亮麗成績單。而老二東賢一度因身體有恙退居二線，如今身體已恢復，他旗下的新光紡織、新光產業險與台灣投信正等待他大力衝刺。而老大吳東進目前仍領有新光人壽、大台北瓦斯、新光醫院，仍穩穩握住吳家最大一塊餅，只是手上的大餅究是變得更大，或是變得更小，恐怕得看他如何調整他的處世方針了。

吳火獅去世十年了，新光旗下事業也隨著台灣經濟成長而穩穩前進，可是新光集團一直缺乏出色經營班底，吳火獅時代的草莽創業霸氣消失了，外界看到的盡是家族內鬥、兄弟失和的新聞，這回吳東進身爲嫡長子竟慘遭罷黜，這應是十年恩怨的一次總算帳。吳東進從一統江湖的大局搞到兄弟反目成仇，身爲家族老大，如何向九泉之下的老父交代！

比爾・蓋茨的故事

八十五年國內電子股一枝獨秀的漲勢，令多數投資人不知所措，同樣的情況也發生在美國。一九九六年十一月以來，美國道瓊指數氣勢如虹，指數見關不是關，道瓊指數快速衝抵六五〇〇大關，這其中佔美國道瓊指數七・一八九％的IBM的表現對美國股市貢獻最大。IBM一九九六年大漲七二％，在三十種成分股中排行居第二，由於IBM在美國上市的市場扶搖直上，使得美國道瓊指數欲小不易，同樣的在NASDAQ市場，也因爲英代爾與微軟出色的演出，使NASDAQ指數居高不下。

一九九六年美國股市多頭氣勢歷久不衰，其實高科技股中的英代爾、微軟與IBM扮演了舉足輕重的地位，這三家公司未來的股價表現也與美國股市息息相關，以身繫美國股市安危的IBM來說，美林證券曾評估IBM股價表示，IBM第四季營收可再成長一〇％，IBM大型電腦暢銷，邊際利潤可以維持在四一・九％，因此美林估計IBM九六年有希望挑戰一九八七年十月大股災創下的一七五・八七五美元的高位，美林並估計IBM九七年可漲到一九五美元，換句話說，IBM還有三成以上的成長空間，如果這個預言成眞，美國股市大跌的憂慮似乎可以化解。

ＩＢＭ股價逼近歷史天價

ＩＢＭ股價正緩步逼近歷史天價區，許多專家都以疑惑的眼神看著ＩＢＭ頻頻大漲會不會暴跌，進而拖累美國股市。其實這個看法是否定的，因爲美國最大市值的前三十名大藍籌股中，如果從八七年股災起算，就只有ＩＢＭ沒有爬過股災之前的最高價，其他二十九檔股票已飆漲數倍到數十倍了。ＩＢＭ從一七五又八分之七美元，跌到一九九三年十月最慘的時候，股價只剩四〇又八分之五美元，這是因爲ＩＢＭ犯了兩大策略性的失誤，其一是賤價賣掉持股二成多的英代爾股票，ＩＢＭ賣掉了英代爾，可是英代爾卻從三美元飆升到一二〇美元以上，英代爾股價大漲了數十倍，總市值不但逾千億美元，且超越ＩＢＭ，英代爾股價暴漲令ＩＢＭ捶心肝。

美國上市公司身價超越一千億美元大關的除了奇異公司、可口可樂及艾克森石油公司外，英代爾是第四家千億美元身價的公司，也是高科技邁向高股價的新里程碑。而另一家受矚目的微軟公司則是第五個越過千億美元市值的公司，目前微軟市值是一二八〇億美元。微軟在九六年十一月廿二日股價再次分割，這是一九八六年微軟股價第六次分割，投資微軟公司的投資人回報逾一三〇倍。目前微軟總市值在美國排行第七，已屬巨無霸。

微軟的崛起，ＩＢＭ也是幫了很大的忙，因爲ＩＢＭ讓本身所有的電腦軟體使用微軟設計的ＭＳ／ＤＯＳ操作系統，卻不要求任何回報，而與此同時，微軟卻對每一個使用軟體的電腦廠商收取特許使用費。結果IBM的大恩惠造就了比爾·蓋茨世界首富的地位，在過去十年之間，英代爾從不到二美元的身價暴漲到直逼一五〇美元，十年股價暴漲一三〇倍，而比爾·蓋茨因爲擁有二四%的微軟股票，總股數超過一·四一億股，以九六年底微軟股價在一四五美元的價位來計算，比爾·蓋茨身價已達二〇五億美元，這個身價比起九五年底此時的一三一·三億美元，暴增了五五%。九七年《富比士》雜誌再度公布富豪排行榜，再度掄魁的比爾·蓋茨身價已達三八六·六億美元，美國股市大漲，蓋茨身價也隨之大增。

IBM是一九八〇年代美國電腦業巨霸，可是殺錯了英代爾，痛失英代爾股價暴漲機會，從來又成全了微軟，造就了比爾·蓋茨超級富翁地位。如今，事後回想，如果IBM當年沒有犯上這兩個致命的錯誤，IBM今天的市值恐怕已經超過一兆美元了

一九九三年藍色巨人終於覺醒，IBM從寶鹼挖到一位全無電腦經驗的行政總裁，格斯騰納在一九九三年四月上任後，削減了成本七十五億美元，裁員超過六萬人，將IBM內部之電腦癡們瘀血掃清，IBM經過這番掃除，如今體質大有改善，股價也比當年低潮期大漲逾一百美元以上，IBM邁向坦途。如今英代爾、微軟、IBM紛朝千億美元身價邁進，美國三大電腦巨擘——英代爾、微軟、IBM應當之無愧了。更值得一提的是，這三家超級巨霸，總市值逼近三千億美元，比台灣上市與上櫃市值的總和還要大，美國高科技股的威力更由此可見。

華倫·巴菲特寶刀已老乎？

在香港舉行的世界銀行年會上，馬來西亞總理馬哈地再度疾言厲色向國際大炒家索羅斯叫陣，馬哈地並且揚言不惜關閉大馬匯市。此言一出，正在療傷止痛的大馬匯市再度天崩地裂，馬幣進一步重貶突破三·一馬幣大關，亞洲各國股市匯市則如驚弓之鳥進一步劇跌。就在這個時候，美國道瓊指數卻頻見長紅，跌破八千大關的道瓊指數再度向八千點大關挑戰，更令人嘆爲觀止的則是代表高科技股的NASDAQ，這回在全球股市急挫中，NASDAQ先是抗跌，如今卻領先世界各國股市再創一六九七·三六的歷史新高，成爲全球股市殘存的一盞明燈。

「股神」美譽遭受質疑

隨著東南亞股市大回檔，一九九七年八月以來全球股市紛紛回挫，美國道瓊指數由八二九九·〇三跌至七六二〇，回檔逾八·一％。此時NASDAQ卻以一千六百點爲軸心，低檔守住一五五〇點；到了全球股市逐漸回穩後，NASDAQ卻已領先創下新高價。爲NASDAQ壯大聲勢的，卻是一些新崛起的高科技股，例如戴爾股價衝上一百美元大關，康栢直逼八〇美元大關，惠普則漲到七〇美元以上，而老牌的微軟、英代爾也有可圈可點的演出。這一輪高科技股熱力四射的上漲，也使美國人開始質疑美國「股市之神」華倫·巴菲特（Warren Buffet）的操盤功夫。

過去十年來，巴菲特的投資理念燒遍整個華爾街，巴菲特所選擇的股票都是他所謂世世代代成長力不絕的消費性產品跨國企業。他選擇他熟知的產品，低本益比的公司，然後長期投資，尤其從一九九五年迄今，在過去三年中，巴菲特所精選的吉利刮鬍刀、可口可樂、富國銀行等莫不創下驚人漲幅。以吉利為例，該股在一九九一年只不過是一六·七五美元，到了九七年七月十八日漲到一〇六又八分之三美元，在六年之中，股價成長五·三二倍。富國銀行則由五二·五美元漲到三二〇·五美元，漲幅也達五·一倍；至於大家熟知的可口可樂，九一年股價尚不及一三美元，今年則漲到七二又八分之五元，股價也大漲四·五七倍。

在巴菲特的領導下，他所掌控的柏克夏（Berkshire Hathaway）控股公司隨著獲利節節升高，成為全美最貴的股票。柏克夏在一九九〇年股價已到達五八二五元，到了九七年六月十三日柏克夏股價已漲到四八六〇〇美元，股價在七年之中大漲七·三四倍。美股牛市如日中天，四面八方的資金湧向華爾街，柏克夏的流動資金更形充裕。不過老驥伏櫪的巴菲特卻早在九七年第一季，美股在六千多點的時候即開始踩煞車，他公開表示，美股升勢已脫離了現實，有大幅回檔的危機。到了聯儲局長葛林斯潘提出美國股市出現「不理性的壯旺」談話，巴菲特又發表看空的談話，他暗指：股票已成為賭博的工具，人人站在火海邊緣，醉生夢死。

沒想到美國股市仍不懼巴菲特的「忠言逆耳」，九七年以來道瓊指數足足上升了四四%。

值得注意的是，道瓊指數的八二九九創於今年八月七日，但是柏克夏的四八六〇〇美元高價早已在六月十三日即譜出最高點，美股創新高，柏克夏卻領先回檔；八月間美股回檔，柏克夏股價率先回檔到四二〇八一美元，回檔逾一五%，比起道瓊指數的跌幅更大，這原因是巴菲特太早看淡美股，且旗下的招牌股跌幅慘重。

一九八七年美國發生空前股災，巴菲特先知先覺，在股災來臨前夕，已幾乎把所有股票都出光，因此贏來「股神」的美譽，當時他手上只剩下三支長期持有不放的公司，也就是現在的可口可樂、富國銀行與吉利刮鬍刀。這次巴菲特提早提出警告，美股卻大漲，且漲勢出乎他的意料，更嚴重的是這三年來帶領美國股市大漲的高科技列車，巴菲特都沒有搭上：巴菲特對可口可樂的典故可以如數家珍，對吉利刮鬍刀營運也可以琅琅上口，可是美國股市當紅的ＩＢＭ、康栢，巴菲特卻從來沒有買過。而過去十年來，微軟股價從不到二美元起漲，這十年股票分割七次，長期投資已大賺數萬倍，而英代爾則從二美元起漲，股票分割六次，十年報酬也逾萬倍，戴爾在一九九〇年也是只有二美元左右，如今分割多次，股價又漲到一百美元以上。這些高科技長期投資都可用數千倍或數萬倍來形容，而巴菲特看好的傳統績優股，過去十年來卻以數十倍或十數倍計，兩者之間勝負已分曉。

「股神」不敢搭美國高科技列車？

更值得注意的是，巴菲特的三大看家股，九七年來都面臨成長不易、本益比偏高的質疑，股價都有不小幅度的回檔，吉利刮鬍刀在七月十六日漲到一〇美元高價，此後開始回檔，到了九七年九月間，吉利一度跌破八〇美元，股價回檔二〇％，吉利是柏克夏第二大投資組合，柏克夏持有吉利市價已達四一．二億美元，影響自是非同小可。至於可口可樂因為本益比偏高，股價自六月十六日的七二美元拉回，九月間回跌到五五美元，回檔逾二三．六％，都超過道瓊指數的跌幅。至於重量級的富國銀行，則是在九七年三月十一日即寫下三二〇．五美元高價，此後股價一度急挫到二四五美元，也就是大跌二三．五％。這些看家股跌幅都超過指數的跌幅，在這種情況下，柏克夏股價終難迴避回檔壓力，且單日成交量從四十萬股回落到幾萬股。

最近美國股市回檔，《巴倫斯》周刊卻報導，巴菲特大舉買入遠期的零息債券，總數超過二十億美元，令人聯想到是不是巴菲特長期看淡美股？而債券市場的牛市是不是已悄悄重臨美國？九七年裡美國高科技列車開得又急又快，年紀老邁的巴菲特已搭不上這班特快車，而他情有獨鍾的老牌績優股，已面臨成長不易，業績下滑的壓力；巴菲特只好轉戰債市，應該有其不得不為的苦衷。不過，柏克夏主導美國投資界數十載，創下許多膾炙人口的美譽，如今時代列車往前開，已經掉隊的巴菲特恐怕為時晚矣！

寧花千萬蒐奇珍，更要百萬攬人才

企業家介入藝術市場，源自一九九〇年恆嘉建設公司董事長葉榮嘉建築師，在傳家九〇年拍賣會上，以二〇九萬元高價買下洪瑞麟〈礦工〉油畫，九二年葉榮嘉又在蘇富比秋拍以七〇四萬買下廖繼春的〈龜山島〉，以六八二萬買下余承堯〈通景山水〉四連屏大畫，此後企業家便成爲藝術市場的常客。這其中國巨總經理陳泰銘更是在蘇富比拍賣會上縱橫全場，蘇富比拍賣會上的目錄作品大多數被陳泰銘拍走。九三年代以九〇七萬在蘇富比春拍買下陳澄波的〈淡水〉，九四年在蘇富比的秋拍，陳泰銘再以一〇一七萬的高價拍下郭柏川的〈北京故宮〉油畫，而受到藝術市場高度矚目，陳泰銘頓時成爲拍賣市場炙手可熱的紅人。到了九五年在蘇富比的秋拍，富邦證券董事長蔡明興以一三二五萬元的高價搶下常玉的〈白蓮〉，創下拍賣市場罕見高價紀錄。

企業家除了活躍於國內藝術拍賣市場外，國外的古物拍賣更常見台灣來的嬌客，元大證卷的馬志玲總裁今年四月就在香港的蘇富比拍賣會上，分別以一五九七萬港元買下明成化〈青花荷塘紋罐〉，四六四萬港元買下清乾隆〈鬥彩雲蝠紋蓋〉及七一七萬港元拍下唐〈砂石菩薩坐像〉。這三件作品耗資二七七八萬港元，幾達新台幣一億，手筆之大，令人大開眼界。

而九七年股價表現出色的震旦行董事長陳永泰，這兩年也活躍於紐約和香港的拍賣市場。九七年四月，他在香港蘇富比以五五二萬港幣搶下北齊〈石灰岩飛天〉的作品也受矚目。台灣拍賣市場的常客陳泰銘除了收藏繪畫藝術之外，九六年起也轉進骨董文物市場，九七年四月他在香港蘇富比以九〇四萬港元拍下清雍正〈粉彩過牆枝蝠桃紋碗〉，與馬志玲成爲這場拍賣會上最受矚目焦點。在此之前，則以和信集團董事長辜振甫以六〇〇萬美元買下莫內的〈翠堤春曉〉，成爲國內藝術界的盛事。

企業家活躍於拍賣市場，一方面代表了國民所得水準提升，企業家從追逐銅臭味，以賺鈔票爲己任的時代，轉化爲以藝術品提升生活品味與審美品味，再加上藝術品除玩賞之外，又可增值，於是藝術投資乃成了新時代的潮流。

其次是從藝術市場拍賣的常客來看，九〇年代以後，陳泰銘、陳永泰、馬志玲、蔡明興等相繼崛起，他們正符合了九〇年代高科技與金融掛帥下的典範，陳泰銘是高科技高成長的典範；而震旦行由傳統事務機器轉入通訊及大型電腦拍賣場，震旦行實力愈壯大，陳永泰在藝術市場購買力愈強。而馬志玲與蔡明興則都是劵商老闆，八十六年，元大股價一度直逼二〇〇元，元大證劵市值一度逼近千億，馬志玲的實力自然大增。

一九八〇年代前後，藝術收藏風氣尚未打開，不過當時國泰信託董事長蔡辰男已「春江水暖鴨先知」，率先成立國泰美術館，而蔡辰男也因慧眼得識廖繼春大作，幾年下來增值萬倍。這幾年來蔡辰男在藝術市場出多進少，似乎與實力式微有關；如今陳泰銘、陳永泰、馬志玲、蔡明興等躥起，似乎也點出新時代發展的新趨勢——藝術收藏與企業實力呈相對應的關係，企業實力愈強，收藏實力大增。像陳泰銘將從藝術拍賣會買回來的藝術品掛在辦公室，公司氣勢隨之改觀。震旦國際頂樓的會客室即掛了一張陳永泰拍來的張大千巨畫，馬志玲夫婦的辦公室也都是名家作品環繞。什麼樣的企業家收藏什麼樣的藝術品，也逐漸顯露出不同的品味。

投資人才比投資藝術品更重要

有了高價藝術品當後盾，企業或個人實力自然與日俱增，不過切忌的是，收藏藝術品千萬不可進入「玩物喪志」的忘我境地。國內有一些企業家，寧可耗資數百萬或數千萬巨資搶購藝術品，卻捨不得多花幾百萬攬人才；有人買畫不眨一眼，用人卻斤斤計較、討價還價，結果人才流失，企業實力下降，企業經營每下愈況，最終釀成財務危機，那就得不償失了。

個人或企業投資藝術品，除了藝術鑑賞外，無非希望藝術品既能保值又能增值，而骨董文物因其稀少性，具有水漲船高的增值效果。投資藝術品，如果選對了標的，通常可以創造數倍於黃金及房地產的投資報酬，像蔡辰男早期投資廖繼春，一號從數千元增值到數十萬。

藝術品的價值來自原創性與稀少性，唯本身並不能創造附加價值。如今在黃金與房地產投資逐漸式微之後，藝術品的選擇將面臨愈來愈多的考驗。而什麼標的可以比藝術品創造更大的投資報酬？答案是人的腦力——人才，只有優秀腦力組成的工作團隊將來的投資報酬將超過藝術品，唯一的差別是藝術品靜止不動，是可以抓得住的東西，而人是抓不到的，只有靠明確制度與獎賞來激勵。

以施崇棠領導的華碩爲例，已經創造二千億市值身價，從零到二千億，這樣的報酬率沒有一件藝術品跟得上。而曹興誠領軍的聯華電子經營團隊，已耕耘出五千億市值的公司，張忠謀領軍的台積電創造了六千億市值，由人創造的高附加價值，很可能在跨世紀成爲超級藝術品的主流。

國內企業家逐鹿國內外藝術拍賣市場固然可喜，但千萬不可忽視的是，大手筆買藝術品之際，更要以大氣魄來招攬人才。延攬人才的事比玩賞藝術品更加十萬火急，像元大證券的馬總裁，他除了盯緊藝術市場變化之外，更把招攬人才列爲十萬火急的事，元大證券能在券商中出類拔萃，絕非憑空得來。

第四部
永恆的基本理念與方法

買股票就像選女婿。

小賺九次抵不過一次大賠。

掌握資訊等於掌握財富。

股票套牢了怎麼辦？

行情總是在憧憬中成熟。

買股票就像選女婿

有一位台中地區的朋友很哀怨地表示，八十五年股市大漲了二千多點，可是八十六年農曆年前他結了一次帳，卻發現厚厚一大堆成交單，結算出來的操作成果卻是虧損，他問道，在茫茫股海中，如何獲利賺錢？

問題的癥結在這位朋友熱中短線操作，他見漲即追，小賺即賣，可是一旦股價反轉，套牢了他又不忍心殺出，結果總是小賺五毛、六毛，可是一旦虧損往往是賠了一、二十元，甚至是二、三十元。每一次都是「小賺大賠」，結果贏了九次，總是抵不過一次重大的失誤。若是這樣的操作手法不改，股市即使漲到一萬點，這位朋友恐怕仍然要賠錢。

有人常說，買股票容易，賣出股票時機最難。其實在股海求生是一項很嚴肅的事，我們常說天下沒有白吃的午餐，在股市操作更如此，這麼多年來，在股市賠掉大錢的人總是那些聽信明牌的小散戶，要在股市爭取獲利契機，必須很用功勤做功課、分析研判資料才行。買股票容易，賣股票很難，其實賺賠之間在你出手的那一剎那已經決定大半了。換句話說，進出股票貴愼始，當你決定出手之際，就得在選股上下功夫，所謂「謀定而後動」，用很篤實的心情買下自己感覺很有把握的公司，賺錢機會遠大於那些隨機應變，盤中隨波逐流的操作。在股市賺錢的人，通常是那些晚上勤做功課，選定目標，設定價位，從容進場的人。

最好的方式則是抱著嫁女兒選女婿的心情來買進股票。因爲你買進一家公司的股票，同時也是在購買上市公司的前景，甚至也是對經營者投下肯定的一票；例如遠紡在三〇元左右時，遠紡董事長徐旭東奮力搶下全省及北區兩張大哥大執照。當時國人都不知大哥大市場威力有多大，而百富勤董事長陳智亮卻以香港經驗看出大哥大商機；他大力看好遠紡在兩年內可漲到一〇〇元。此時外資大規模買進遠紡，而遠紡股價也從二七．五元輕鬆越過四〇元大關。遠紡股價的大漲是因爲遠紡跨足電信事業帶來跨世紀商機，因此，即使遠紡的紡織本業獲利平平，可是外資卻看好遠紡未來遠景而加碼買進，當然外資也對遠紡集團董事長徐旭東投下肯定的一票。

從遠紡股價大漲，敏銳的投資人可能會立刻想到太電。股價往往反映經營者的企圖心，眼看著遠紡股價大漲，太電總經理孫道存立刻展現雄圖大計，太電表示，公元二〇〇五年之前，太電將在印尼、菲律賓、越南、緬甸、印度建立六個電纜廠，使太電成爲亞太地區的電纜營運中心。孫道存並宣布太電將以通訊事業做爲第二核心事業，未來十年太電總營業額將由四〇〇億元累增至二千億元。這番雄圖大計揭露後，終使太電股價再度展現活力；太電取得執照後，股價曾飆升到二九．三元，可是因爲投資人缺乏信心，太電股價又折返二五．五元，後來有了孫道存的加油打氣，太電股價又悄回二八元。從遠紡大漲，太電跟進的個案來看，大股東企圖心往往是主導股價發展的關鍵，投資人選股，除了先看上市公司產業前景之外，對於大股東也要有選女婿的心情，認眞選股，選到好公司投機投資兩相宜。股票投資如果一出手就找對門道，選對了好公司，選股成功，獲利就不遠了！

不要同時操作太多檔股票

許多人拿了年終獎金，不多不少，剛好可以買個一、兩支或一支的一、兩張股票，但是要怎樣買，才可以賺到一些？

投資理財上，最常聽到的一句是：不要將所有的雞蛋，放在同一個籃子裡。所以許多人奉行這個理論，將投資做不同的組合，以分散風險。錢不太多的人，更是會以此作爲操作精神，省得賠得精光。但是這樣的操作，就一定穩賺不賠嗎？

至少在美國個人財富排行榜上，僅次於比爾．蓋茨，居第二的華倫．巴菲特，就不這麼認爲。華倫．巴菲特的財富是完全靠個人投資得來。他曾經有一句名言就是：「每種股票買兩張，最後就成了動物園。」因爲《聖經》記載，諾亞在耶和華引洪水毀滅世界前，將世上的生物各取雄雌公母一對放在方舟上，以免物種完全滅絕。因此華倫．巴菲特將投資組合過度分散，也就是同時買多檔股票的操作透式，稱之爲：諾亞方舟（Noah's Ark）。

至於爲什麼不要同時操作太多檔股票呢？據英國的理財投資家理查．考克的說法是，因爲如果手上握有超過十五檔以上的股票，並不能降低太多的風險，反而因爲要花更多的時間在關照各股及交易成本。如果有同樣的時間只花在少數的股票上，這樣你可以多一點時間去了解這幾家上市公司的情形，掌握狀況會更精準，買賣的時間充分，反而更能夠謹慎選擇交易時點和價位。

不過，您可能會問，到底怎樣才算持股太分散呢？理查・考克則有一個「網球高手理論」來計算。他說大部分頂尖的網球選手都是用五根手指執拍，因此，每次只握五檔股票是最好的。不過，有的人左右執拍一樣好，所以最好的持股量是在五到十檔股票。

最後要提醒您，投資股票不是在賭六合彩，不能心存僥倖。想要進場，就一定要對想買的那支股票公司的中期及長期的展望有信心，從財務報表或是其他的資訊來判斷它的成長潛力如何。總之，天下沒有白吃的午餐，用心才會有好成績出現。

投資股票千萬不能合夥

投資又能賺錢，是許多人共同的夢想。許多人很幸運地已經實現他們的願望，但是有些人還在繼續作夢中，不過有夢總比沒有夢好。因此，不少人想以衆志成城的方式來共同築夢，這種築夢的方法，並不是每一種投資都可以行得通。多年前股市很熱的時候，許多本錢並不雄厚的人，或是不想一次拿很多錢出來的人，於是想到，邀辦公室裡同事們或是親朋好友，每個人都出資，各買個一、兩張，大家一起買某一支股票，這樣就算是賠了，也都還在大家可以忍受的範圍，不會損失太多。

看起來，這樣子做好像是沒有錯。不過，以過去的經驗來看，尤其是做股票這件事，最好還是不要這樣子做比較好。因爲股市實在是爾虞我詐的地方，小散戶的結盟，一來有的實力還是有限；二來，散戶聽到的有所謂好一點的股可以買的消息時，鐵定已經是最後，就是主力要把貨倒出來的時候了，因此，被套住的機會很大。

通常這時候，多半都會是糾紛的開始，錢縮水了，任誰心裡都會不舒坦。成熟一點的人，頂多念在心裡，有的人則會是把不滿的情緒直接宣洩，這樣一來，大家就很難看。更麻煩的是，事後到底要不要賣，還是要擺到股價回升，都會是問題，負責去買賣股票的那個人也承擔了很多心理壓力。最後，同事間有疙瘩也就算了，弄得一家人老死不相往來，也不是沒有的事。

在股票最熱的那幾年，有一個男士，向同事借人頭抽籤，結果幸運抽中，他給人頭五百元以資感謝，不料人頭見中籤了，馬上想到蜜月期可以賺一筆，於是心生反悔，不借了！雙方爲此一言不合，大打出手。末了，人頭得利，因爲名字是他的，不過，原本的好同事也就再不往來了！因此，如果眞想做股票又沒有時間看盤，寧可把錢拿去買各種基金，將錢交給專業經理人去做操作。

小賺九次抵不過一次大賠

台灣投資人有一個特性，就是喜歡短線交易，一天三個小時交易時間，可以來回買賣好幾趟，造成國內股市週轉率奇高，到底短線、中線、長線那一種獲利空間大，我們來看下面幾個狀況就知道了。

首先，先定義一下短線、中線、長線投資如何區分，一般來說，買進股票一周之內就賣掉，叫做短線，一個月以內的進出叫中線，至於長線，必須抱股票超過一年才算。

先來看一下國內投資人短線操作的作法，下面兩種情況都證明：「小賺、小賠出場，會喪失獲取暴利的機會」。第一種情況：熱中短線，一賠就立刻認賠出場，小賺也賣，結果手續都被號子（證券商）賺走了，自己只能賺「打工錢」。

第二種短線操作，可能是大多數散戶常犯的毛病，很多人可能是賺了五毛、一塊錢就賣，但是，一旦套牢就捨不得賣，結果愈套愈深，一直到了斷頭、腰斬，才含恨出場，這種情況是「賺小錢、賠大錢」。有時候好不容易有機會掌握到一支可能是一飛沖天的潛力股，但是，由於賺小錢就跑的習慣，加上拔檔以後，怕套牢又不敢追回來的心態，常常和暴漲股擦身而過，大捶心肝。這種短線操作經常是九次小賺抵不過一次大賠，最後結算仍是賠錢居多。

如果你就是這兩種類型的投資人，請你牢記下面法則（最好拿剪刀剪下來），尤其當你買了股票以後，更要隨身攜帶，提醒自己，一旦股票出現下面的狀況時，必須小心：

一、異常跌停，就要注意是不是基本面出現變化。

二、急漲中股票跌破六日均線。

三、頻創新高的股票，下跌後三日內不能重回高價。

四、股價上漲一段後，頻見大量，股價卻不漲，就應留意換檔時機。

五、投資人短線進出要有停損觀念。

基本上，國內股票市場應該要以中短線操作比較適當，這種操作方式必須要學習技術分析，如果遇到漲勢凌厲的股票，千萬不要急於拔檔，等到上述五個訊號出現的時候，再拔檔不遲。因為一支股票會漲到什麼時候，沒有人知道，不過，技術指標會提醒我們注意，一旦上述警訊出現，就是逢高賣出的時機到了。

不過，真正賺到大錢的人，還是長期投資的人，下面有一個案例，提供讀者參考。南亞有一位董事，一開始他以兩百萬投資買台塑、南亞，結果幾十年下來，已經有幾十億元的台塑、南亞股票，還當上了南亞董事。他就是跟著王永慶成長最好的案例，南亞從幾千萬資本額，膨脹到兩百億元，他的資產也跟著膨脹。

現在投資台塑、南亞、台化等績優股，只能賺到穩定的收益，由於股本大，已經沒有暴發的力道了。今年大領風騷的華碩，大飆特飆，華碩才創業六年，原始股東至少獲利六百倍，這是絕無僅有的個案，也只有小型績優股才有這種實力，由這兩個實例得知，長期投資的股票除了要體質績優之外，也必須是股本小的公司，才有呈等比級數成長的可觀收益。

危城不入，亂邦不居

每次股價在高檔回挫，經常都會在高檔留下一批套牢的投資客，假如您買的股票套牢了，到底該如何處置，以下是實戰對策：

第一個步驟，首先研判這是漲勢中的回檔，或是長線漲勢的終結；假如是漲勢中的良性回檔，持股可以續抱，反之，若是長波段行情結束，一定要毅然拋光持股。國內股市最慘重的一次下跌發生在民國七十九年二月十二日的一二六八二點大崩盤，由於當時大批新手湧進股市，很多人都不知道股市多凶險，以爲回檔就是買進機會，不斷逢低攤平，而套牢的股票不賣，一次萬點崩盤，很可能所有家當都輸了精光。到現在爲止，可能還有一些人買到一一二〇元的三商銀，一四五〇元的台火，一〇七五元的開發，六五〇元的寶祥，或是一一六〇元的北企，這些「愛到最高點」，又不知停損出場的人，到了今天都成了最大的輸家。更慘的是手上留下一些不堪回首的高價套牢股。那種敗戰累累的痛楚，很可能影響您的操作績效，最好是長痛不如短痛，認賠出場了事。

八十六年股市仍在多頭行情的格局中，大盤可能因爲漲多回檔，但還不是長波段行情的終結。這一年股票套牢不會像民國七十九年那麼「天崩地裂」，不過仍必須留意一次多頭市場慣有的中期回檔，宜多加提防。

第二個步驟，假如確定是良性回檔，這時候要先檢視一下手上套牢的是什麼股票，有下列幾種狀況宜考慮換股操作：

一、主力拉抬過高，使股價遠離基本面範疇。例如，去年億豐由一七・九元拉升到五七元，此後即盤跌至三〇元以下；去年底鼎營也曾被拉抬到五四・五元，後來還是跌至三〇元以下。最有名的則是當年的華國飯店，當年老雷奮力將華國炒上四〇二元，結果一年光景，華國即跌至二七元，不但老雷從此飲恨江湖，華隆集團也慘遭重創。這種毫無本質的股票，一旦套住了，必須毅然離場；因爲炒作股主力只能借力使力，靠的是連續拉漲停板的氣勢，誘引散戶價，一旦行情反轉，主力已自顧不暇，哪可能還幫您解套？

二、回頭檢視套牢股票的基本面。例如，上市公司公布財報，如果每股盈利不佳，或是長期虧損公司，營運缺乏轉機的，這時候也得忍痛出場。因爲在基本面掛帥的時代，長期毫無轉機的個股，股價易跌難漲；大家可從不少水泥股、食品股還留在四、五千點價位可看出。買股票買的是希望，假如您手上的股票，沒有任何想像力，這時候套牢股票只有一路套到底了。

八十六年，股市由基本面掛帥，缺乏本質的投機股一旦回檔，跌幅都十分慘重。例如被判處下市的尙鋒，從八十六年三月十三日的一五．五元，跌至七日，已跌至六．一元，跌幅逾六〇%。八十六年四月十五日才創下一一〇元高價的保固則跌至五五元，股價剛好腰斬。而跌四成的則有大業，現在被判處下市的福昌，則自三〇．七元跌至票面以下，虧損累累的尙德則從三三．五元跌至一五元；而先前受到豬隻口蹄疫事件的衝擊，股價重跌的還有立大、源益、聯成食品、台芳等，這類獲利無多，長年累月虧損的公司，一旦套牢，必須斷然處置，否則，除非有主力介入拉抬，套牢是不易解套的。

反之，業績良好、前景無憂的個股，只要回檔不是長波段行情的終結，即使短套也有解套的機會，就像九七年買到華碩參加除權的人都賺錢，在八七五〇買到九八元台積電的人，如今套牢的反成賺錢。可見，良好的基本面才是閃避套牢的良劑。所謂「危城不入，亂邦不居」的道理就是在此。讀者買進股票之前，宜先擦亮眼，看看您買進的股票基本面是不是可以支撐股價。

掌握資訊等於掌握財富

對許多人而言，股市行情每天瞬息萬變，前一刻看起來漲，下一分鐘又跌，上上下下，更讓想進場的投資新手膽戰心驚。如何面對上沖、下洗的股市變化而無懼，又能一切操之在我呢？那就是基本面的掌握！想要掌握股市動向，就要花點功夫掌握資訊。

一、養成勤快而有系統的閱讀習慣。每天要閱讀報上相關報導，可以各看一份綜合性報紙和財經報紙，學習看線圖，並了解國內外政經產業變化。

二、如果有時間的話，可以**再看一份如《財訊快報》等更專業的財經報紙**，可以看到更精深的理財報導及選股分析，要把這種閱讀當成是一種投資。

三、善用工具書，以《財訊》爲例，《財訊》針對不同的市場出版如《股市總覽》、《股市生力軍》等工具書，這裡面有個別公司的最基本資料可以參考個別公司的狀況。

閱讀報紙及雜誌可以掌握以下幾個方向：

一、每個月十號左右，上市公司都會發布營收訊息，留意這些公告，每個月有沒有重大變化，逐月做比較。如果有就會影響到股價。例如，寶成工業在八十五年十一月公布的營收爲十一億七千九百萬元，比較去年同期成長了九成以上，所以它的股價由六十元反應到七十五元就是一個例子。

二、盯緊逐月發布上市公司的業績報告，也是要逐月比較其中的變動。

三、注意媒體上發行公司刊登的財產交易及股票交易公告，養成收集公告的習慣，由這些公告去推論發行公司可能的異動，使自己掌握機先。

四、凡是上市公司的各種動態、改組、人事異動、新產品發表、相關產業的展望預測，都是注意的標的，養成做這種筆記的習慣，勤於分析各種資料，可以讓自己洞燭機先。

現在的股票市場，已經不像過去了。如果以爲還可以用民國七十六到七十八年那樣，「隨便買，隨便賺」的心情，已經是不可能的事了！過去聽信明牌的投資想法必須揚棄，天下沒有白吃的午餐，隨時掌握市場動向，才是正途。

定期定額投資股票

股市熱鬧起來，對許多薪水階級的人而言，有些心動，但是看看手中，只有每個月的薪水和銀行的一點錢，很多人會問，像這樣的狀況，可以投資嗎？

錢不多，當然還是可以投資。錢多，錢少，有不同的投資標的。標的的選擇最重要。以目前可以看到的所有投資標的裡面，能夠讓小額投資人有一個從容的投資空間的，就是股票（包括共同基金），也就是把銀行的定期存款或是固定的儲蓄變成投資，這也是最有效的途徑。但是錢放在銀行，至少可以保住本錢又賺利息，如果放在股票市場去，萬一跌了，連本錢都縮水，不是很划不來嗎？

其實非常簡單，就是每個月固定買一、二張好一點的股票，終其一生，累積下來的財富就相當可觀。

我們可以將這種定額投資股票與一般人最常用的零存整存來比較。基本上，零存整付的利率很難超過百分之十，回報率平平。如果，能夠選到具有成長潛力的股票，選擇那些公司資本額不大，營業績效佳，配股獲利率高的股票，投資報酬率會比銀行定存要高。

假設，每個月有三萬元要儲蓄，現在改買一家每股爲三十元的股票，一張是一千股，一年就有十二張。一年之後，上市公司，盈利可以分配股票股利，如果這家公司配百分之三十的股票股利，等於手上的股票也生了股子出來，那麼您手上的持股就變成一萬五千六百股，如果能夠完全塡權，等於三十六萬元變成四十六萬八千元，等於增值了十萬八千元，這個增值就比銀行利率報酬高得多。這對一般的上班族而言，雖然不能天天看盤短線殺進殺出，但是以定額定額的方式投資成長股，並長期持有，這是最有利的方式。

這種方法聽起來很簡單，怎麼去挑所謂的成長股是最重要的問題。如果想要以小搏大、長期投資一家公司，這家公司未來的成長性就很重要！如果在股價的大風大浪中，它的業績能夠成長，就具有抗跌性，可以穩健投資。

以下有幾個簡單的原則可以供大家參考：

一、股價不要太高，大約在三十元上下。

二、股本不能太大。像三商銀高達三百億元，能夠向上的空間有限，如果股本不大，才有廣大除權配股的空間。

三、分配股票股利約二至三元或以上。

四、公司經營者正派、務實且專業經營，有績效。

五、公司的獲利都是來自本業。凡是來自業外的收入，如買賣土地等，可能有今年、沒

有明年，收入不穩定，不能視爲常態。

六、業績營收（獲利）成長至少每年要在百分之二十以上。

不過，投資人如果發現公司業績開始下滑或是成長有限，就要記得準備換股。

要長期投資一定要下點功夫，資料的蒐集和研判就很重要，掌握投資公司的動向。除了專業財經刊物、報紙之外，證管會有圖書館，裡面有上市公司的背景資料及檔案，可以研讀。

選擇成長股才能放長線釣大魚

八十五年十一月，以每股一〇八元上市的華碩電腦，上市一個月，股價立刻暴漲到三三八元，不但打敗股王國泰人壽，也爲台灣股市寫下新的奇蹟。華碩在民國七十九年四月正式成立，迄今不過短短七年光景，比起大同的百年老店，可說是股市新兵，可是華碩一上市即發揮驚人魅力，讓所有投資華碩的人都受暴利，也爲股市投資人選股立下新的典範。

民國七十九年華碩經營班底成立，八十年股本是八千萬，營運的第一年即創下每股一四．五四元的純益（股東投資十元，當年就賺到一四．五四元），其後每年增資配股，獲利越來越高，獲利竟高達四十億元，每股可以賺到三三．三元。

用個簡單的說法來說明，如果你在民國八十年花三萬四千元，以三四．〇八元的每股淨值買進一張（一千股）華碩股票，經過多年來的增資配股，到八十五年底已成爲十五張（一萬五千股）了；而華碩目前股價五〇〇元，五年前的三萬四千元竟然變成七百五十萬元，投資報酬率高達二二〇倍，點石成金的超快速致富法，除此之外，別無分號！

也許您已經錯失華碩的投資，但是千萬不要氣餒，應該將華碩當成一個投資鏡子，讓我們一起來尋找第二個或第三個華碩。華碩是國內生產主機板的大廠，是華碩高科技產業的代表作，因此，大家可從高科技產業尋找未來的成長股，像與華碩同樣生產主機板的，如技嘉、微星，未來是否可能產生華碩那般的爆發力，都值得深入評估。

選擇成長股必須具備幾個要件，首先是營收的成長，營收代表公司產品銷售能力，像華碩八十年營收僅一四億元，到了去年成長到一三三．九五億元，幾乎成了十倍。**其次是盈利的成長**，代表產品賣出去了，眞正賺到錢，華碩的盈利從八十年的一．一七億元搖身一變到去年為四〇億元，獲利成長了三三．一九倍。**三是股本的遞增**，也就是由高獲利成長到高配股，長期投資的股東，也因為每年配股使利愈來愈大。

尋找這種成長股還有幾個要領，首先要看產業別，像水泥、食品產業成長力不大，很難符合成長條件，未來高科技產業很可能成為主流產業，還有，三商銀、國壽這些股本龐大的公司，要大幅成長已經不可能，因此，尋找高科技股中甫公開發行，不論是上市、上櫃或未上市，只要公司股本還小、業績持續成長，將來的投資報酬將很可觀。

報載資策會正輔導五十家軟體廠商朝上市或上櫃之路邁進。這些軟體公司，有的資本額只有數千萬元，有的只有一億多元，既然科技的時代來臨，台灣的軟體公司誰是另一家美國微軟的翻版，不妨深入精選。此外，目前上櫃公司有的股本只有二、三億元，如果獲利成長夠的話，就應該採「放長線釣大魚」的策略，期待另一家華碩的誕生。

民國七十六至七十八年，在股市獲利的投資人往往把資金移向房地產，有的人一口氣買了四、五棟房子當房東；在台灣高房價、低租金的時代，當房東是很不划算的投資。將來若有餘錢，可以考慮將閒置資金投入股市，在上市的集中市場、店頭市場或者是未上市股市尋找小股本的高成長股，將是長線投資最好的「祕密武器」！

如何掌握適當的買點和賣點

股市行情看好，這種情況看在手邊有一些資金，但是對於股票市場又一知半解的讀者眼裡，眞是想買又不敢買。其實，就算是已在股市翻滾過的投資人，心理也是差不多，想趁行情好趕快買進，又怕買到最後一棒，高檔套牢。

以下爲大家提供幾個安全買進和賣出建議，提供大家做參考。我們首先以大盤的量來看如何找到安全的買賣點。在買點方面，當大盤的成交量低到一百億左右，而且這種狀況持續約二、三個月左右，就是一個很好的買進時機。

在賣點方面，則是在市場交易熱絡的狀況下，成交量在一千億到一千五億之間，而且維持這種情況一到兩周左右，就可以準備作出脫的動作。不過，要注意，當周量超過五千億時，就要小心安全。以下是幾個過去大盤量變的實例。

買的低點紀錄如：

民國七九年十月，二四八五點

民國八十年十月，四〇三二點

民國八二年一月，三〇九八點
民國八四年八月到八五年二月，四四七四點

賣的高點紀錄如：
民國八十年五月，六三六五點
民國八二年四月，五〇九一點
民國八三年一月，六七一九點
民國八三年十月，七二二八點

在這些相對高檔的區域，賣掉股票是不會吃虧的。不過，瞬息萬變的股市變化，光看大盤量的變化還是不夠，各股量的變化，也是要觀察的重點之一。

在個股上面，如果做中長期投資，可以觀察該股，如果長期量縮，超過一年，但是突然間出現大量超過低量時的三倍，股票又突破長期下降壓力線，就是買進的好時機。此外，當股票跌到接近淨值時，也是一個時點。不過，也要考慮該股的本業不差才行。

在賣的時點：當該股上漲一段時間，週轉率已經高過一成的時候，就要小心。周轉率的計算方式是將單日成交量除以股本，讀者可以自己試算看看。

如何處置突發利空

股市連續急漲，在衝向八千大關前後，終於引來財政部及央行高級官員嚴重關切。每次心戰喊話，都造成股市嚴重下挫，投資人面對利空消息應該如何處置？

八十六年元月二十二日，財長邱正雄關切OTC市場的不正常上漲，導致OTC指數開盤即跳空重挫，此後短短三天光景，OTC指數由二八四點跌至二五四點，許多OTC投機股瞬間股價暴跌三至四成，財長開尊口果眞展現強大威力。到了二月二十九日，央行總裁許遠東也對股市過熱表示不以爲然，當天《工商時報》以一版頭條處理這個新聞，恰巧鄧小平死訊傳出，集中市場加權指數隨即由七七六二點跌至七五六七點，股市上下波幅高達一九五點，收盤指數重挫逾百點。然後是三月一日央行副總裁許嘉棟提醒投資人要「居高思危」，當天股市正好衝上八千點大關，許嘉棟副總裁澆水的喊話，使得隔周股市開盤即重跌九十六點，指數由八〇〇〇跌至七八八六點，收盤指數也下跌一〇三點。

邱正雄、許遠東及許嘉棟三位財經主管，三次不同的喊話內容，都造成股市立即回檔，這種財經首長喊話式的利空，隨著股市趨堅，類似的喊話仍將不可免。

這種情況很像美國股市大漲，美國聯邦儲備局理事主席葛林斯潘三度喊話一般，葛氏在一九九六年十二月第一次對股市喊話，美國道瓊指數由六七九二跌至六二五〇，到了九七年元月中，葛氏第二次示警，道瓊指數又由六九〇〇跌至六六三〇，這次在二月二十七日又講了重話，暗示美國即將加息，道瓊指數又從七〇七三跌至六八五三。葛林斯潘三次講話，都造成股市明顯回檔，可是拉回整理的股市都隨即再創新高，像台灣股市經過央行的副總裁喊話，但周三股市仍然站在八千點以上，在牛市氣勢正盛的時候，這種喊話式的冷卻談話，有如在滾燙的茶壺中加一杯冷水，滾沸的水短暫被冷卻，可是不久又沸騰起來。**因此大家要冷靜研判，財經主管單位降溫動作，只是心戰喊話？或是有實質動作的降溫？**

若是屬於前者，那是在滾燙開水中加上冷水，一時降溫，行情終必再沸騰。反之，若是有實質降溫動作，嚴重的簡直有如將茶壺下的爐火拿開，輕微的則如同將火爐裡的炭火拿出一些或是在炭火上加水，這會使得滾燙開水從此不再沸騰或必須長時間才能再生爐火，這個時候就是考慮調整投資策略的時刻了。

到目前為止，邱正雄、許遠東、許嘉棟的談話，都是屬於在茶壺加冷水的降溫動作，無礙股市漲升趨勢，因此，聞利空不必追殺持股。反之若是貨幣政策改弦更張，那就是取走爐火的時候，投資人就不得不擔心了。

民國七十七年股市大漲，央行在七十七年底大幅調高存款準備率，那是股市第一個警訊。到了七十八年四月再提高存款準備率，又是一次警訊。最狠的是在七十八年二月二十八日，央行祭出六項選擇性信用管制。這連續三道金牌下來，股市已成強弩之末，到了七十九年從一二六八二點反轉，短短半年之間，股市重重跌掉一萬點。調高存款準備率及選擇性信用管制是大殺手，前者重創股市，後者重創房市。

未來股市如果繼續上升，大家必須盯緊央行是否調整貨幣政策，如果只是降溫式的談話，股市回檔仍有趨堅機會，若是改變貨幣政策，輕微的是調高短期利率，或是在貨幣市場有沖銷動作，股市可能拉回，但整理後仍將再趨堅。可是若是選擇性信用管制或是調高存款準備率，那麼大家是眞的該小心了！

股票套牢了怎麼辦

抱著股票不知何時該賣，何時又該買，買了又怕買到最後一棒被套？

基本上，在進場做股票前，有幾個中心思想應該先想清楚：

一、為何要做股票？

二、買股票要做長還是要做短？

三、做股票的資金是否是閒置資金？

四、做股票是要自己做？還是要跟著別人做？還是交給專業經理人去做？

想清楚這幾個問題之後，我們再來談談買賣股票的時機，也就是設定停損點的問題。

首先，在大的方面，投資人必須要看整個大環境，未來是看好還是看壞？也就是如果整個市場是看好，那麼即使是跌了，也可以抱久一點，如果市場看壞，抱久則會賠多，這個時候，設立一個停損點就很重要。

中的方面，則是要看所挑選的個股的產業景氣如何？如果大環境好，但是想買的股票之整體產業表現卻不佳，這樣還是不好，還是要趕快做換股操作的動作。另外，看個別產業景氣之外，個股本身的好壞有沒有問題，獲利有沒有突然銳減，將來有沒有成長空間等，都是投資人要觀察的。

小的方面，則是要順著自己的性子，許多人會忽略這一點的影響。因爲如果你明明是一個想做短線的人，卻硬是自己耐著性子等進出，也很痛苦，不如想清自己到底是想做長還是做短，想好了就開始操作，比較順心又順手。

想做長的人，必須考慮到大環境的比較多，而且所投資的錢，必須是閒置的，這樣才不會有周轉不靈的問題。

至於停損點和獲利點要如何設定，基本上在進場之前，一定要先給自己設定目標，通常在短線追逐強勢股，可以以股價回跌百分之十及股價跌破六日移動平均線，做爲一定要將手中股票賣出的停損點。

但是賺錢的股票什麼時候賣出好呢？同樣的在買股票前就要想清楚，自己對什麼價值感到滿意（例如，進場時是三十五元，漲到四十元就賣）。自己的目標達到之後，就要斷然出脫。如果還捨不得賣，就要再以自己滿足的價位，減回約百分之十，做爲賣出的價格基礎。

最後，如果您是跟著別人買進賣出的小散戶，那就繼續跟著別人買賣，不要自作主張，畢竟那個人一定比你懂，而且比較懂得處理。如果不相信別人，又不肯交給專業經理人來代爲操作的話，那就自己用點功多了解，自己進出吧！

理財的五子登科順序

許多演藝圈人士傳出投資房市不善理財的消息，再回頭看我們的生活周圍，不少人爲房貸所苦，不免讓我們重新去思考傳統五子登科，到底應該要怎樣的排序才比較有利？這裡所謂的有利是指：至少生活還有最起碼的品質和尊嚴可言。

戰後誕生的這一代（三十年代末到五〇年代初的人），可以說是在新舊思想衝撞中成長生存的，這代的人在老一輩「不孝有三無後爲大」、「有土斯有財」的價值觀念下長大，沒有人對你解釋，爲什麼學校（最好是大學以上）畢業後，就一定要結婚娶妻子，結婚後一定要生孩子，而且還要買房子，能夠有部車子更好，如果在做了這麼多事之後，還可以有很多金子，就是美好的人生了！

其實，老一輩的人，也在這個價值觀裡面活得很辛苦，他們也不知道爲什麼，只知道這麼做就對了。可是，現在的台灣，地小人稠、房價高昂，不少人因循這傳統價值觀，結果是兩個孩子恰恰好的，爲孩子教養費和房貸拖累了痛苦的有殼蝸牛。因此，過去的這種五子登科，是不是一定還要五樣統統都擁有，才算是完美的人生？或是該重新組合這個順序呢？值得尚未結婚的人和新一代人類深思。

手邊沒有足夠的錢生活，眞的會夜半睡不著。這句話看起來，以爲是因不善理財所致，其實還是因爲根深的價值觀和社會環境的促使而致。

許多人以爲如果不買房子，可能就會比較好過，但是有一對雙薪雙子的夫妻卻不如此，按理說他們選擇做沒有房貸的無殼蝸牛，應該是比較沒有壓力而快樂些，可是他們卻很不快樂，因爲工作的關係需一人一部車，可是因爲先生愛玩車，沒事裝這改那，每三年又要換一部車，所以在車子上花了很多錢，孩子學鋼琴、學畫畫又補英文，家裡的開銷還是很大。所以問題是出在價值觀上。

如果您覺得家裡的財務很緊，可以躲起來飲泣，可以喝點小酒發洩，但還是一定要面對現實，檢查一下自己的問題到底是出在那裡，再去解決問題，想辦法開源節流。(就是請千萬不要把氣出在孩子身上，因爲孩子是你和你的另一半一時「性」起，而誕生的他並沒有辦法選擇出生與否。)

有經驗的人都知道，在一個人瘋結婚、買房子、車子時，連牆壁都擋不住，所以不妨冷靜點，聽聽看別人的意見和經驗，看看自己手邊及另一半可以打的籌碼有那些，多吸收財務及生涯規畫的資訊，彼此溝通討論一下對未來的想法和作法，之後再決定先要做那一件。或許有人會批評，太刻意規畫生涯發展，等於重理性而泯滅了感性，可是如果當連最起碼的生活都會有問題時，浪漫也只有暫擱一邊。

房地產與股票投資回歸基本面

股票市場猛然一口氣大漲到八千六百點時，國內投資人逐漸恢復信心，在股市創造了逾四兆元的名目財富之後，房地產買氣加強，八十六年三二九成了建商決戰的最大一場戰役。財團不斷買地推新案，而一般投資客則開始四處參觀工地，房地產市場出現民國八十年走進低迷谷底以來，買氣最活絡的時刻。

這一波房地產買氣有加溫的跡象，買氣回升已是不爭的事實。不過，未來房地產的漲幅恐怕很難再重現民國七十八年萬馬奔騰的景象，這是因爲衝動購屋的純投資客嘗過這一波房地產不景氣，紛紛斷頭的教訓，純投資戶將大量銳減，取而代之的是換屋需求與第一次購屋者爲主體。

在股市獲利的投資客，可能會將現有居住的地方換一個較寬敞的大房子，這種換屋的買盤可能是八十六年預售屋銷售熱的主力。另一種買盤則來自小孩成長的學區考慮，有的家庭因小孩念小學或小學畢業念中學，以孟母三遷的方式爲子女購買學區附近的房子，已成了這次建商推案的有力號召。然後則是第一次購屋族，低總價產品仍然當道。這三種購屋族群，都以自住型態爲主，這與民國七十八年一個人一口氣買下二十間房子準備當房東的情況完全不一樣。

目前台灣房屋出租報酬率最低僅一至二%，最好也不過五至六%，遠比不上定存利率。在當前定存族正準備湧向股市爭取高獲利之際，這時候買房子當房東是十分不划算的一件事。以八十六年房地產景氣才準備甦醒的情況來看，自住型的客戶是推升房地產買氣的主力。既然以自住換屋爲主，房地產是以理性購屋族爲主，價格將不易有大波動，房價將緩步推升。而在理性購屋的考量下，房地產投資仍以區位爲首要考量，像學區、捷運通車沿線，或具有居住環境優勢的地方，房價將易漲難跌。反之，大量推案，餘屋充斥的地方，或新市鎮開發，公共設施跟不上的地方，未來以消化餘屋爲主，房價上漲空間將十分有限，像汐止及淡水登輝大道沿線都是顯例。至於台中市、高雄市，恐怕是八十七年的事了。

投資不動產先看區位，投資股票則要看業績。股市漲高回檔，許多缺乏本質的投機股跌幅都十分嚴重。反觀有業績當後盾的個股卻跌幅有限，這印證了台灣股市投資人漸趨成熟，基本面投資的理論掛帥，投資人選股仍必須以業績爲重。從去年以來，股市上升四千多點，有的個股漲了好幾倍，有些個股則留在原地踏步，其間的差別即在於業績成長的力道；像萊通、聯強、寶成工業，八十四年預估八十五年每股獲利都在二元左右，沒想到八十五年聯強每股獲利逾六元，股價從三十五元衝到一八〇元以上。寶成工業前年每股獲利約兩元，八十五年因裕元工業業績大幅成長，如今股價也躍升到一五〇元以上。股價大回檔之後，宜以基本面爲選股優先考量，選取業績成長股，將來不論股價指數漲跌皆可高枕無憂。

投資基金是新時代趨勢

對許多有點錢又不太有錢，有點閒又不太有閒的讀者來說，可能還是會覺得買股票還是不簡單（它的確是要花點功夫研究）。其實如果眞的沒有什麼時間可以琢磨股票的話，選擇基金幫您操作也是一個好辦法。它的好處是票面低，而且是由證券投資信託公司的專業人員在買進和賣出，您不用成天擔心股票漲跌而心情忐忑不安。

在這裡介紹一下國內基金的形態。國內的基金分爲封閉式和開放式兩種。封閉式的基金，是由一家證券投資信託公司對外募集一定的金額，就不再開放讓多餘的錢進來。之後，由這家投資信託公司的經理人用這些資金在股市進出。同時，這個基金也在股市掛牌買賣，所以您可以把買進來的基金在這邊賣掉。有一點要特別注意的就是所謂「折價率」問題。由於現在法令的設限，出現基金經理人把股票做得不錯，使得您手中的基金（受益憑證）有很好的價錢，但是因爲買的人希望買到便宜貨，所以反而有降價求售的情形，有點不公平。目前大約都有折到百分之二十的行情。不過現在主管單位已經有意修改規定，將來或許會有好消息出現。

另一種基金是開放式的，所謂開放就是隨時可以向基金公司買，也隨時可以賣回給基金公司，至於價格，則是基金本身的「淨值」，不會有封閉基金明明價值一百元，卻只能賣八〇元的困擾。

開放型基金是銀行或是證券信託公司在賣，通常是以一個單位多少錢來賣，您可以透過銀行自動扣繳，每個月買一點，就像是在存錢一樣。它的價值也是會隨著基金經理人操作的好壞而決定，萬一行情不好或是操作不好，您還可以把它贖回，所以基金經理人都要小心翼翼，不然萬一人家統統要贖回可就慘了！

至於，有些人或許會覺得台灣股市太投機，想要買海外的基金。基本上在台灣賣的海外基金，全部都是開放式的。在這裡也要提醒您，海外基金還牽涉到匯率的變動，同時它的手續也比台灣要高出許多，所以要算看看才知道是否划算。報載著名的歌星費玉清就是委請基金經理人替他操作，您也可以試試！

金價一去十八年不回頭

國內有銀行開辦黃金存摺業務，不少人問，如果手邊有資金準備投資，適不適合買些黃金當作投資。就我個人多年來的觀察，黃金實在不是一個太好的投資標的，過去十年中，我所知道的例子，就有不少是因爲判斷錯誤投資黃金而慘敗，在這裡提出來和大家共同討論當作借鏡。

黃金在國人心目中似乎有不可取代的地位，因此經常可以看到有人拿閒錢去買黃金，一來希望保值，二來希望能夠增值。持有黃金保值最有效果的時候，應該是在戰亂發生或是惡性通貨膨脹時期，除此以外，黃金應該視爲一般的投資標的來評估。可是很現實的問題是，以過去十年國際金價的走勢來說，投資黃金不只不能增值，連保值都很困難，如果有人投資黃金的收益能等同當時的銀行定存利息，就算非常不錯的成績了，大部分的黃金投資幾乎都是慘敗而歸。

在民國七十五、六年間，黃金從一英兩要三百多美元一路大漲，國內許多人也一窩蜂地搶進黃金，當時還有一位知名的投資專家到處大膽地預測，黃金一定會漲到七百美元以上。當時許多黃金投資大衆因此奮不顧身的投入大筆資金，從四百多元開始投資，買入金額從幾百萬到幾千萬甚至更多的都有。結果國際金價果然上漲，只是在七十六年年中漲到五百美元左右的天價後，就一路跌跌撞撞摔下來，再也沒有回去過，從那時到現在，大部分時間黃金都在四百美元關卡以下低盪，最近只剩下三百五十美元多一點。

熟悉台灣金融變化的人應該都不會忘記，就在七十六年中國際金價一路回頭走低的時候，台灣股市開始了空前的大多頭走勢。資金如果被套牢在黃金，賠錢也就算了，資金動彈不得，喪失了投資機會來臨的應變能力，是更嚴重的損失。在那個時候，將黃金賣出，轉而投入股市甚至房地產的人，都有不錯的收益，而一直捨不得賠本賣的人到現在眞可說是損失慘重，有人甚至因此賠掉一生的積蓄。

在這裡要提出的觀念是，並非黃金全無持有價值，但是以金價的特性而言，許多歷史上的天價幾乎是永遠不可能再出現，這是和企業股票價格走勢相當不同的地方。金價投資人不能一廂情願，死抱著黃金一直等成本價回來，認爲不賣就不會賠。以未來幾年來說，要黃金價格重新來一趟七十五、六年的大漲行情，是絕不可能的事，在這種情況下，尋找比黃金有利的投資機會，應該是比較明智的作法。

股市大漲，爲什麼賺不到錢？

揮別了八十五年第一季中共文攻武嚇的陰影後，國內股市從四千五百點出發，一路上穩健走來，加權指數已經穩穩站在八千點大關之上。乍看之下，指數已大漲四千多點，股市的總市值也由五兆元躍升至九兆元以上，投入股市的投資人應該收穫豐碩才對。然事實上卻不盡如此，在那四千點行情中，一般投資者常犯的「毛病」大致可歸納如下數端：

A. **過度重視消息面，忽略了基本面**。一般投資人在消息面風聲鶴唳的時候，往往殺持股退場觀望，可是行情往往在絕望中誕生，像是中共文攻武嚇的時候，指數還在五千點以下，此時正是千載難逢的絕佳買點。八十六年元月四日開紅盤，股市卻因宋楚瑜宣布請辭，股市開盤即大跌，很多人驚慌失措，結果卻是殺出八十六年最低價（六七八九），經過宋省長辭官效應後，股市一路漲到八七五八。然後是三月上旬因爲口蹄疫事件，指數連續長黑，就在消息面最惡劣的情況下，指數殺至七八三〇，又出現很好的買點。又一次是因爲白曉燕被撕票案，引發了國人對治安的恐懼，再加上修憲帶來的政局不安，很多人都退場觀望，有人看行情將跌至七千二百點，沒想到加權指數在八千點即構成有力支撐。在多頭市場裡，非經濟因素造成的重大消息利空，通常都變成行情的底部。受到消息面左右，過度悲觀，往往錯失底部進場，波段操作的好機會。等到基本面、消息面都轉好，其實行情已到回檔轉折點。

B. **受制於舊觀念，不知迎向新觀念**。這一年來，很多人對電子股漲不停頗不以爲然，也有人緊抱金融股不放，企圖重溫十年前的往日情懷，還有更多人緬懷土地資產，天天期盼房地產大翻身，結果是買電子股的人賺錢，買金融、資產、營建的人賺不到錢。股票操作一旦選錯股，操作技法再高也沒有用。很多市場老手，用十年前的舊觀念逐鹿股市，一直到今天，還感覺到怎麼做都不順手。

C. **苦守弱勢股，不敢迎向強勢股**。股票操作到底該「擇強汰弱」或「扶弱汰強」，一直是股市爭議不休的話題。從八十五年迄今，股市每一波行情都是由主流股帶動，在大勢回檔中，主流股領先抗跌，及至主流股逆勢創新高，大盤隨即翻轉，快步向上，率先切入主流股的人往往有獲取波段大利潤的機會。可是一般散戶見漲即不敢追，或是稍漲即把手中強勢股賣掉，結果會漲的股票賣掉了，轉進「安全」的落後股，股價卻一動也不動，一旦回檔又跌得比強勢股厲害。這種放棄主流股，屈就補漲股的策略，使自己賺錢無緣，賠錢有分。

行情總是在憧憬中成熟

華爾街百年來一直經得起考驗的名言有謂：「**行情總是在絕望中誕生，在半信半疑中成長，在憧憬中成熟，在充滿希望中毀滅。**」假如拿這句名言來檢驗台灣股市從八十五年以來的大多頭行情，八十六年四月中旬加權指數位在八千六百點左右，到底是處在華爾街名言的那一個階段？想必是投資朋友感興趣的話題。

台灣股市告別一萬點行情之後，這次股市的谷底是在中共飛彈演習中淬鍊出來的。在八十五年第一季，外有中共文攻武嚇，內有超級的總統大選，國人在外有強敵威脅，內有各組候選人交相攻訐聲中，眼明手快的人趕辦移民，將資金匯往國外，在最悲情的一季裡，台灣資金外流二〇〇億美元，股價指數跌至四五三〇。內憂外患中，股價指數大都停留在五千點以下，在八十五年三月二十八日，指數在五〇〇八之前，政府奮力挽救股市，應該是「行情總在絕望中誕生」的寫照。

到了八十五年四月一日，台股列入道瓊指數；相隔幾天，摩根史坦利又宣布將台股列入新興市場自由指數。台灣股市搭上股市國際化列車，金融股帶動大型股向前衝刺，股市總算在絕望中誕生；八十五年四月十五日，指數上攻至六一九一，李總統宣布就職當天，股市重挫至五六九五。但因摩根史坦利帶來的外資行情，大型股又把指數推升到六六二四，此後由大型股，再輪到電子股，店頭市場的證券股更是狂漲，這一段行情從八十五年的三月二十八日到八十六年的二月十九日，指數由五〇〇八賣力衝向八五九九，可說是「行情在半信半疑中成長」。

在這段行情、多頭氣勢旺盛，主流股總是威力驚人。例如，代表金融操作的京華證券漲到一〇〇元以上，昔日乏人問津的證券股從此鳳凰飛枝頭；而代表高科技產業的電子股則進入高股價時代。今年第一季每股盈利達一〇・四一元的華碩，在半年內由二五八元漲到七六二元，令昔日股王國泰人壽大驚失色，到目前爲止，電子股已有華碩登上七〇〇元，藍天、英業達一度登上三〇〇元，而力捷、聯強與錸德也到達二〇〇元以上，一五〇元的電子股則有華通、鴻海、鴻友、光罩與環電等，至少有八檔電子股的股價超越國泰人壽。

從半信半疑到成熟

加權指數回檔到七八三〇，再往上攻到八七五八。我們逐漸發現，原先漲勢凌厲的高價電子股，逐漸有追價乏力的回檔跡象，昔日創新高價的電子股總是成群結隊，現在創新高價的電子股，卻是零零星星，而扮演電子股急先鋒的，則是八十五年一整年股價都沒有表現的半導體股，頗有強烈的補漲味。而從八十五年到八十六年漲幅好幾倍的證券股，在元大與京華率先衝過百元高價，由於總市值確有高估，儘管本益比仍低，股價只能隨勢浮沈，難以再權充千軍萬馬的多頭司令。

這兩大類漲升最力的主流股，如今都因爲漲幅過大，必須化解獲利回吐的強大賣壓；再加上周線乖離頗大，似乎必須稍偃旗息鼓才能蓄積再攻實力。我們已逐漸感覺到台股已進入所謂的「牛市第三期」，也就是說「行情在憧憬中成熟」，這意味了投資風險漸增，到了必須管制風險的階段。

爲什麼行情在憧憬中成熟？通常股市在大跌中，人人談股色變，像中共打飛彈的時候，政府苦苦哀求民衆買股票，可是自以爲聰明的人卻把台幣換成美金，有的則三十六計跑爲上策。這個時候，股票被棄之如敝屣，沒有信心的人紛紛拋出持股。而有膽識的人則是「賤下極則反貴」，張起大網賣力承接。這是最從容獲利的黃金時機；但是在股市裡膽識過人的人卻不多，像八十五年二月二十四日成交值只有七六億元，顯然大家都袖手旁觀居多。

到了股市進入成熟期，此時股市成交值愈來愈大，八十五年最低量只有七六億元，八十六年卻爆到二三八八億元，這意味了以前不敢買股票的人都跑進來了。現在餐廳裡的高談闊論都變成「談股論金」，說股成了休閒娛樂，打開電視就請到分析師論斷行情；偶爾在街頭看到有人在講大哥大，原來他是在掛進「聯電××張」。由於整個行情累積漲幅大，名目財富發酵，這時候可以看到豪華餐廳高朋滿座，頂上魚翅聽說還訂不到位子。股市成熟期的象徵逐漸浮現。

目前股市似乎是要從山腰攻向山頂的位置，如果股市成長期維持一年之久的話，那麼成熟期也有可能維持半年或一年以上，股市將繼續向上挑戰新高。儘管上檔在哪裡只有老天知道，但是此時已是高股價時代，台灣股市的低本益比也變成高本益比，選股難度更高，操作獲利更不易，這個時候選股要十分理性，要嚴格遵守基本面掛帥的選股原則，逢低介入本益比合理的個股，先求保本再求獲利。

強者恆強

從口蹄疫風波，到達賴訪台，又傳出中共將軍事演習的假消息，再到王永慶投資漳州電廠引來財經當局高度重視，台塑、南亞股價跌停重挫；經過一連串利空反應測試，八十六年四月間，股價指數上攻至八五九九之後反轉，先是一口氣殺低到七八三〇，反彈到八一五〇，然後再殺至七九四七。純看指數的話，這次股市的回檔實在夠可怕，可是深究個股，這次指數下跌七百多點，可是股價逆勢創新高的個股卻達六十一檔之多，這些不被指數壓下去的個股，很有可能是下一波行情的潛力股。

這些創新高的個股，包括食品股有一檔卜蜂；紡織股有三檔：皇帝龍、力麗與宏和，在接近新高附近的則有台富、佳和；化工股則有中化、國化、永光、長興、東鹼與葡萄王；瓷磚類股則有國賓瓷；鋼鐵則有燁興、燁隆、春雨、紐新、威致五檔；橡膠類股有台橡與中橡；汽車股則有裕隆與國產；最可怕的則是電子股光寶、全友、麗正、達電、日月光、旭麗、台積電、精英、國豐、合泰、茂矽、智邦、聯強、友訊、清三、順德、宏科、環電、源興、力捷、錸德、所羅門、英業達、鴻友及華碩，總計有三十八檔電子股刷新高價，指數大跌七百點，卻有三十八檔電子股逆勢創新高，這個類股主流架式已充分浮現。然後再到觀光百貨股僅高林創新，其他類股中則有寶成工業與康那香。這些逆勢不跌的個股，到了大盤止跌彈升之日，都成為勇冠三軍的急先鋒。

這種強者恆強的個股表現手法，與民國七十八年個股全面齊漲、齊跌的走勢完全不同。在殺盤中逆勢不跌的個股，一旦在大盤轉穩上攻的時候，股價因為上檔無壓，往往有銳利的表現。反觀跌幅深重的個股不是基本面有問題，就是籌碼面不對，猛烈的下跌，必須深入了解下跌原因，而且是愈跌愈不能買。

過去我們用技術分析手法，常有愈跌愈往下攤平的策略，結果總是愈攤愈平，這兩三年來金融股的下跌就跌破大家眼鏡。除權前的三商銀就令大家大開眼界。華銀從一五六元跌下來，眼看著頸線位置一四一元應有強力支撐，沒想到一根長黑就摜破了支撐區，結果連續長黑，跌到一二五元，假如以為華銀在一四一元就有強力支撐，往下攤平的話，將愈套愈深，無力自拔。同樣的中銀原本力守八〇元大關，沒想到在重要支撐區的八一元被長黑摜破，此後股價遇利空再跌至七二元，國泰人壽則在報載蔡萬霖生氣的消息，被散戶哄上一八五元，此後連續急跌而下。

股市的投資人很容易被七十八、九年金融股的高股價所惑，因此，大家對於百餘元的國壽、三商銀始終情有獨鍾，很多人都是一路加碼，結果愈套愈深，如今只得十分無奈地參加三商銀除權。

股價大漲後的回檔，通常都會令人心驚膽跳，這個時候，戰志昂揚的投資人更要發揮昂揚戰鬥意志，勤做功課，仔細研判個股走勢，每日記錄那些利空不跌的強勢股，假如連續二至三天都展現強勢，這意味了在大回檔中新的大戶介入，正當散戶爭相殺出籌碼的時候，大戶卻伸開大手承接，加權指數大跌，股價卻壓不下去，這時候應該反手做多，趕緊在強勢股上搶搭列車，絕不是跑到那些跌深股跟著一起被套住。

從八五九九回檔研究個股的強弱勢，最強勢的是電子股有三十八檔創新高，鋼鐵股有五檔，化工股有四檔，紡織股有三檔，橡膠與其他類股各有兩檔，有強勢股的類股都代表了盎然的生機。反之，一檔都沒有創新高的類股，則是弱勢股，這包括了水泥、塑化與金融，其中塑化股、金融股破底後都一再創新低，成了最弱勢的族群，假如您以同情弱者的心理跳進金融股或塑化股，便成了這次指數回檔的最大輸家。

記住，**每次大盤回檔都是部署下一次戰局的大好機會**，股市的贏家都會在下跌聲中尋找下一波潛力股。

詢價圈購公司：不定時炸彈

八十六年五月以來，國內股市跌勢洶洶，除了受到藝人白冰冰女兒慘遭撕票引發的治安不佳、政局不安危機感外，被上市公司援引爲重要炒作利器的詢價圈購制度，在證管會嚴令辦理詢價圈購公司必須依送件前三十日平均收盤價的八折提高爲九折後，原本是炒作利器，如今反變成票房毒藥，不但小股東受盡委屈，大股東也吃足了苦頭。

八十六年內準備辦理詢價圈購的公司超過五十家，如果細察指數自八七五〇回落到七八九三，在這段將近千點的大回檔中，辦理詢價圈購公司跌幅都比較重。災情最重的如八十五年十二月二十四日才掛牌上市的大成不鏽鋼，該公司以每股二五元上市，這次辦理詢價圈購每股三〇・二元，股票才發放不久，股價卻跌到二六・八元，大股東與小股東雙輸。大成鋼自從宣布辦理詢價圈購之後，股價即陷在四〇元左右盤旋，可是最近卻傳出公司被美國控告傾銷成立，再加上第一季獲利大衰退，大成鋼股價即成決堤之勢，股價自八十六年四月二十四日的四一・二元，一口氣跌至二六・八元，成爲第一家跌破詢價圈購的公司。

除了大成鋼外，八十六年最熱衷辦理詢價圈購的公司，則是尹衍樑旗下的潤泰工業及潤泰建設。八十六年在潤泰股票大會上，曾有小股東力陳詢價圈購是損人不利己的制度，要求改爲原股東認股及公開承銷，但是公司派仍以表決通過。潤泰於八十五年大量調節大華證券、華信銀行等轉投資股票，使得全年靠業外收益賺進一一・三億元。事隔一年潤泰再用這一招，第一季又有三・二七億元的業外進帳，第一季的本業獲利只有七萬五千元，在業外獲利的支持下，今年二月起潤泰股價自二六・二元拉升到四〇・四元。潤泰股價拉升到了高檔，即宣布以每股二七元辦理七・七三億元的詢價圈購，儘管潤泰今年宣稱每股獲利有達二・一七元的實力，但是股價每況愈下，跌至二七・二元，股價已十分貼近詢價圈購價。災情更慘重的是潤泰工業的兄弟拍檔，潤泰建設準備辦理十億元現金增資，五月十八日生效，每股詢價圈購價格爲二一・二元，結果現金增資還沒生效，潤建股價已跌至二〇・二元。

八十六年三十多家營建上市或上櫃公司，至少有三分之二要辦理現金增資，大多數都採詢價圈購，這些公司包括國揚的一三・七九億元，寶建及潤建各一〇億元，龍邦的三億元，長億的一五・五七億元，宏福一五億元，仁翔、冠德及啓阜的各三億元，宏總及宏璟的各五億元，寶祥及寶祥特的三二・一一億元，華建的二一・九億元，春池的二・五億元，基泰的三・五億元，國產的一四億元，總計十七家之多，堪稱是一次大規模的搶錢行爲。這些公司爲什麼非要辦詢價圈購不可，美其名是爲了爭取資金回籠時效。

事實上，在股市處在多頭行情裡，大股東可賺進差價，詢價圈購不但可以照顧自己，又可照顧至親好友，或作爲公關酬庸的利器，可是證管會要求貼近市價後，如今再碰上行情下跌，詢價圈購好處已不多，大股東負擔更沈重。像營建股很多大金額的詢價圈購案等，以國揚爲例，每股認購價高達五三．五元，大股東必須拖出七三．七七億元現有的股款，大股東資產壓力並不輕鬆。這次大成鋼跌幅頗重，主要是現金增資四億元，每股三〇．三元，大股東必須掏出十二億元；大股東要一下子拿出這麼多錢，已成爲頭痛的負擔，如今股價跌下去，大股東已被詢價圈購套住了，那來多餘資金護盤，結果股價只有愈跌愈低。

詢價圈購制度是戴立寧任主委時的新制度，當時是爲了縮小現金增資股價與市價的差距，另一方面可以讓參與增資股東很快拿到股票。八十五年行情低迷，詢價圈購曾爲大股東賺進大把鈔票，國揚大股東便嘗盡了這個甜頭，當時行情在低檔，辦完詢價圈購，股價漲到高檔，大股東占盡了一切便宜，手上握有股票的小股東，眼看著自己權益被稀釋，每股獲利在縮水，可是一點也使不上力。

股價在高檔，詢價圈購股價又必須貼緊市價，大股東很難有暴利，因爲股價漲得愈高，現金增資溢價金額勢必拉高，大股東爲免被迫高價認股，只好拚命打壓自家股價；像長億即從五五元壓到三六元。在漲勢中，詢價圈購制度成了抑制股價的煞車器。而在跌勢中，市價與溢價金額十分貼近，大股東不但無利可圖，還有被套牢之虞，結果流動資產很可能成「不動產」，大股東反像大閘蟹般被綁住，一旦有利空來臨，股價反而跌得更快，較輕微的跌得鼻青臉腫，嚴重者可能爆發財務危機，這些辦理詢價圈購公司在跌勢中很可能有的會變成地雷股。而實力較雄厚的，則可能在大股東自己套牢後尋求大解套機會。**不管從那個角度看，詢價圈購公司都是股市的票房毒藥，讀者可將這些準備辦詢價圈購的公司列爲拒絕往來戶！**

用財務報表體檢上市公司

八十六年上市公司上半年財務報表在八月三十一日公告完成，結果超乎市場預期的個股，股價下挫跌幅都十分可怕。最近拖累電子股的兩家新上市股，一是矽統，一是倫飛。例如：矽統上市前預估全年稅後純益可達六・六億元，EPS爲二・〇九元，不料卻在上市後宣布調低盈餘目標，稅後純益由六・六億急降至三・二億，EPS僅一・〇元元，而最嚴重的則是矽統上半年稅後純益僅二三三〇萬元，若扣掉一千萬的所得稅利益，矽統本業居然虧損了七八三九萬元。這種情況假如沒有轉機，股價恐怕還有大跌危機。

而上市不久的倫飛電腦，股價一度衝向一〇五・五元，可是上半年財務卻只小賺一・二億，倫飛八十六年預估稅後純益六・一七億，EPS可達三・〇三元，可是上半年的稅後純益僅一・二億，EPS僅〇・七五元，結果後來股價殺聲震天，已經一口氣跌至五六元，災情十分慘重。

另外，每年都有大轉機傳聞的敦南科技，七月下旬一度拉升到九六元，可是八十六年預估稅後純益可達一・三七億元，EPS應達到一・七五元，如今端出的上半年財報卻僅獲利二五三九萬元，EPS僅〇・三二元，股價重跌。另一家上櫃公司九德，八十六年預估獲利二・二五億，上半年稅前盈利只有五千九百多萬，股價向下修正，跌起來也很嚇人。另一家華昕電子，預估稅後純益可達五八九〇萬元，EPS爲〇・九一元，可是上半年卻虧了六四四一萬元，EPS爲負的〇・九七元，華昕連二十元關卡都守不住。這些業績不佳的電子股紛紛依據公布的財報調整股價。

假如股市匯市都趨向保守，那麼大家一定得避開的恐怕是高額負債公司。這其中，股價似乎已是跌無可跌的林義守集團旗下個股仍值當心，目前林義守旗下三家上市公司，其中燁興負債一一二億，燁隆負債一六六・五億，燁輝負債八七・六三億，三家上市公司負債三四一・七六億，除了燁輝有高獲利本錢外，燁興與燁隆都沒有什麼憑藉。以燁隆爲例，照說其本業是鋼鐵，但是燁隆卻是高舉負債，高價買地，營建土地帳項高達四八・四一億，燁隆上半年單是利息支出即達一・九五億，將來恐怕只會愈來愈累。而燁興上半年本業獲利只有六七五〇萬，可是利息支出卻達二・二三億，再會賺錢也抵不過利息負擔，成爲長期缺乏希望的公司。鋼鐵股還有一家高負債公司峰安金屬，該公司股本一二〇・七七億，負債卻高達一〇三・八四億，峰安好不容易本業獲利二・五八億，可是利息支出卻達三・三八億，結果峰安虧了二九九〇萬。峰安證實了一點，辛辛苦苦只在幫銀行打工，投資人只不過跟著虛耗資金而已。

八十六年負債最多的上市公司除了華航之外，恐怕非東雲莫屬，目前東雲負債四五三・八七億，上半年單是利息支出即達八億以上，東雲在長期投資帳上仍有一三一・三三億的投資，成爲上半年業外入帳一一・二六億的進帳來源，但致命傷是三五四・五八億的「存貨」——土地。八十六年上半年東雲本業只小賺四・〇九億，卻繳了八億利息，這其中單是流動負債即達三八〇億。

目前負債比率偏高的公司以營建股爲大宗，負債僅次於東雲的是中華工程，中工上半年負債三四四・七五億，而上半年本業虧損五・三一億，加上利息支出二・六三億，僅管有不少業外收入，但上半年虧損三・一八億，EPS爲負的〇・四一元，中工土地存貨不多，長期投資也很有限，最大應收帳款只有一八・三四億，啓阜也只有一三・〇五億，而負債頗高的太設，應收帳款也僅三八・五五億，中工超高的應收帳款會不會成爲定時炸彈，值得大家留意，太設上半年負債二七九億，顯見債務有加重的跡象，很不幸的是太設的負債是拿去囤積土地用，「存貨」一項高達二四九・八九億，而長期投資卻僅四一・二五億，未來欲觀察太設有沒有轉機，就看存貨會不會減少，長期投資項目會不會增加。

目前負債逾百億以上的營建公司包括國揚的一四一・六六億，長億的一二四・四億，以及寶成建設的一〇四億，這其中長億以一二四億負債高舉了一七〇・九八億的現金，而國揚則是用了一四一・六六億舉了一七七・四七億的土地存貨，其中長期投資帳上只有二・一九億，以國揚的實力實在顯得太單薄，至於各方看好的國泰建設，以其一四三・三四億的股本，舉了七一・九七億負債並不嚴重，可是存貨一項卻達二〇五・一九億，如何開發土地爭取高獲利應是國建未來最大的考驗，八十六年上半年，國建稅後純益僅一・九六億，EPS僅〇・

一三元，以這個水準來看，股價仍有調低壓力，其他則是上半年虧損的營建公司如昱成、新亞、仁翔、長谷、緯城等應留神警戒。

未來守著資產守著財富的時代過去了，假如公司沒有賺錢能力，負債便足以拖垮公司。以老雷一度風光炒作的華國飯店為例，華國從當年四百多元高價，如今只剩下二八・三元，股價沒有任何想像空間，這是因為華國飯店累積了一七・六億的負債，以華國六・九三億的股本，頂著那麼重的負債是相當沉重的，結果華國飯店上半年裝修，營收僅一六七二萬元，上半年本業虧了九五二一・五萬，再加上利息支出，結果上半年稅前虧損一・五億元，EPS為負的一・五六元，而華國淨值則跌回票面以內，每股淨值僅剩八・三一元，假如華國負債不減，終有一天大樓也會被吃垮。

調降盈餘目標：股價的票房毒藥

八十六年十月三日，外匯市場單日成交一五・四億美元，這個情況比起八十五年中共打飛彈的八億七千萬美元還幾乎多出一倍。到了四日，又出現五億多美元的周末新天量，連續兩天出現二十一億美元的大成交量，假如央行是在二八・六元價位，賣出美金收回新台幣，單在這兩天，就有六百億台幣被中央銀行收回。這不但使得央行調降存款準備率的效果全失，也使市場銀根更加緊俏，股市在這個衝擊下挫跌，是可以理解的事。值得注意的是央行這次鐵了心腸要捍衛匯市，有意任令同業拆款利率飆升，讓市場銀根緊俏，不再另外寬鬆銀根，這將使得銀根更緊俏，這個政策可以看出央行捍衛匯市的手法在改變。

八十六年八月以來，上自李總統、連副總統、行政院長蕭萬長，再到所有財經官員都對股市發表講話，大家都鼓勵投資人進場買股票，衆官員都說台灣股市可以進場買了，財經官員急切爲股市喊話，其眞正目的在捍衛匯市，他們希望守住股市，央行捍衛匯市更輕鬆。根據官員的判斷，東南亞貨幣危機應可告一段落，一旦東南亞危機平息，新台幣貶值壓力就不會那麼重。可是人算不如天算，國內股市從一〇二五六跌下來，幾乎沒有什麼支撐，已使國內經濟力元氣大傷。更嚴重的是東南亞股市匯市風波更是一波未平一波又起，在匯市與股市之間，匯市貶，股市跌，兩者互為表裡，東南亞危機不斷在加重，股市匯市跌跌不休，台灣的壓力乃愈來愈重。匯市換美元壓力不斷在增強，十月上旬到了最高點，整個市場出現了一直以來我們最擔心的——殺出股票→換成新台幣→兌換美元的動作，市場上不斷有賣股求現，換美元之舉，尤其外資每天逾二十億的大賣超，更使市場信心大挫。

這種股價全面向下的調整，令人心驚膽顫。機電股的東元在中共文攻武嚇的時候，股價還有五〇元身價，如今跌至四四元，大同也慘跌至三〇元，大同一度是高價股，如今修正下來幾乎變成低價股。更令人吃驚的是鋼鐵股龍頭中鋼，該股一直力守三〇元大關，悄悄跌破後，股價直探二三元，這樣的殺盤令人不知所措，如此一來，全部的鋼鐵股幾乎都變成低價股，峰安、燁興、燁隆全都向票面看齊。至於業績原本不佳的紙業股，原本已夠低價了，卻是低價還有更低價，華紙跌至一九．五元，正隆跌至一六．二元，台紙跌至一七．五元，永豐餘更是頻創歷史新低價，至於萬有則幾乎跌至票面。而老牌績優股台玻原本力守四五元，如今連四〇元大關都失守，另外，三商銀跌破百元大關，國壽今年EPS預估可達五元，但股價跌至一二〇元，卻看起來支撐力道不強，新壽更是八〇元大關都失守，富邦保也由七〇元朝六〇元大關探底，除了電子股領先一千六百點大跌外，電子股以外的產業股向下調整的力道更令人心驚。

從整個股價大趨勢來看，台股上市家數愈來愈多，將來如同港股一般，前景不佳、缺乏希望的公司，最後會幾乎沒有什麼交易，目前香港股市至少有一兩百家公司成交稀落。台股率先被淘汰的則是指數回到八三九三，股價卻跌破十年新低（比七十六年一千點行情還低）的個股，這些個股包括環泥、建台、幸福、信大、東泥、興農、中電、羅馬、和成、燁興、燁隆、東鋼、大鋼、永豐餘、彥武、春源、一銅、興票及興達等，幾乎已宣告，他們股價如棄嬰般，如果公司業績再不振作，未來股票將乏人問津。

另外股價已跌破二四八五新低的，包括福壽、源益、嘉食化、永大、萬有、嘉益、峰安、友聯、高企、中企、南企、北企、中產、中聯信託等，除了北企、中企、竹企、中聯信託及永大外，這些個股與如今連千點股價都不如的那些低價股無異，昔日股價都有低價股補漲行情，如今只要業績不好，股價連問都不會有人過問。像興達每股淨值仍達十一元，可是如今股價跌至一〇元，已跌至票面，但因虧損不停，股價已形成全額交割股一般，萬有也緩慢向票面看齊，令人驚訝的是，林義守旗下公司股價慘跌，燁興跌至一一．五元，燁隆跌至一一．六元，連業績不錯的燁輝也跌至二三．一元，顯然林義守的信用已在股市破產了。

與林義守同病相憐的是陳由豪，建台跌至一四元，東雲跌至一五．二元，已是警告訊號，同樣的阿不拉旗下的東企跌至二三．二元，寶祥跌至二一元，都是財團步入危機的警訊。股價會說話，低股價意味了經營者實力每況愈下，豈能不慎乎？投資人千萬不可有買便宜貨的心態！

另一種則是市場以相當殘酷的法則在檢驗大股東的誠信，市場上對調降盈餘目標的公司慘遭巨挫，絲毫不表同情。這次電子股的大跌都是那些調降盈餘目標的公司，如今股價很難再創新高。華升、矽統都是調降盈餘目標後股價慘跌，最近宏電、大衆股價跌幅頗重，也是市場開始對這兩家公司在未宣布調降盈餘目標之前，市場已先做了悲觀的預期，最近全友宣布調降盈餘自十億縮水爲六億，全友股價從五四・五元，一下子跌掉了一〇元，此舉也使全友身價少了三十億。

面對諸多調降盈餘目標的個案，必須深究內涵才不致吃了大虧。未上市股國喬轉投資的和喬科技就令投資人不知所措，和喬一度是未上市潛力股，可是該公司悄悄在十月三日公布八十六年度財務預測，和喬原本預估今年稅後純益可達八・六八億，EPS可達三・六二元，可是修正後卻變成二・六二元降爲一・〇六元，勢必爲股價帶來極負面影響，若以本益本比二〇倍，豈不要跌至二〇元以下？這對國喬、中橡必將產生負面作用。近三年和喬快速膨脹股本，八十四年股本僅六億，八十五年再增爲十六億，今年則變成二十四億，去年和喬EPS達四・三二元，使得股價一度漲到一四〇元以上，沒想到除權後宣布獲利大縮水，這將使得股價慘遭巨創。

電子股一旦有調降盈餘目標前科的公司，股價幾乎從此黯淡無光。例如鴻友一度享受一九八元天價，如今是三分之一處，股價淪落爲六〇元級的中價股，藍天屢屢調降盈餘目標，股價更是烏雲罩頂，藍天宣示今年原本預估營收二〇〇億元，可能會達成一三五億元，而獲利則可能達不到一〇億，經過這一番折騰，藍天原本一度三二〇元高價，如今成了八〇元的中價股。電子股大股東的信用有如一個人的品德操守，一旦被人懷疑，以後講什麼話都使人懷疑，今天力捷的黃崇仁先生就陷入這個窘境。

投資在貨幣升值的國家

八十六年十月十六日中央銀行第二次宣布調降存款準備率，這原本是寬鬆銀根的政策利多，可是股市卻猛然從八千四百點高檔回落，且跌勢兇猛，加權指數跌到七二七五，在財政部宣布四項搶救股市措施後才告止跌。這次股市大跌的原因是央行在調降存款準備率後，在同一天宣告新台幣棄守。由於東南亞國家匯率貶值後，股市都引發連鎖性大跌，台灣在匯市棄守後，也引來恐慌賣壓，短短一周內股市再挫一千多點，成爲股市下跌下來，最慘痛的一段跌勢。

從七月二日泰國宣布改採浮動匯率開始，全球股市與匯市即如同孿生兄弟般，互相拉扯，互相撞擊。泰銖從二四．五元起貶，股市開始一度上漲，但是泰銖在三〇元大關失守後，泰股又呈現跌勢，一度反彈到將近七百點大關的泰國股市，再度跌回五〇〇點關卡；此後東南亞國家開始上演貨幣貶值、股市下跌的噩夢，而且股市與匯市不斷重演惡性循環，股市下挫，造成匯市失守，貨幣貶值，然後又是股市下跌，最後衍生成可怕的經濟危機。這是因爲在貨幣貶值的市場，人人爭相殺出股票換取當地貨幣，然後再轉換美元；當美元強勢的時候，股市便難以擺脫套現而下跌連連的噩夢。結果一九九七年以來，東南亞貨幣貶值重則六成，輕則四成，而股市則都出現大約四成左右的跌幅，泰股大約下跌三八%，馬來西亞下跌四〇%，菲律賓及印尼下跌三六%。而東南亞危機擴大，亞洲四小龍也都因爲貨幣貶值壓力，股價無法倖免於難。

位在東南亞隔壁的新加坡匯市及股市皆創四年新低，南韓貨幣由八七六貶至九二四・七，貶值幅度逾五・六%，而南韓股市則在韓國財團頻頻發生財務危機中，重挫二九・四%。香港爲了捍衛港幣，利率飆升，港股也跌破一萬二千點大關，香港進入最恐怖的主跌段，港人憂心忡忡，擔心港幣與美元掛鉤的制度是否會被這次東南亞貨幣危機擊垮，現在已有專家在研究港幣是不是可與美元脫鉤。台灣則在新台幣棄守後，再演了一段最猛烈的跌勢。

在東南亞貨幣危機愈演愈烈的時候，新台幣面臨沈重的貶值壓力，但是中央銀行誤判了東南亞情勢，認爲台灣經濟的基本面與東南亞不一樣，我們沒有理由跟著東南亞節拍起舞。因此，即使市場強烈預期台幣貶值，但央行決心捍衛匯市，讓新台幣力守二八・六元不退。東南亞貨幣危機從今年七月引爆，到了八月香港已面臨沈重港幣保衛戰，而央行卻仍全力捍衛台幣，九月以後，情況愈來愈嚴重，央行漸感吃力。十月三日，外匯市場出現一五・三九億美元的天價，顯然換匯壓力比中共打飛彈還可怕；央行在九月二十四日才宣布調降存款準備率，但是釋出的貨幣很快被央行收回新台幣。放出美元這段期間，央行爲了痛懲投機客放任利率飆高，銀行同業拆款利率一度衝高到一七%，整個貨幣市場銀根異常緊俏，這段資金困窘階段，是造成股市由九二九二跌至八一七七最主要的原因。

這段期間央行爲了捍衛新台幣，動用了將近六○億美元的外匯存底，約值一千七百億元的資金，沒想到最後仍告棄守，這個棄守對股市造成空前壓力，因爲先前中央銀行一再強調，台灣與東南亞經濟體質完全不同，我們不必步東南亞市場貨幣貶值的後塵，但是不到兩個月，央行便向投機客投降。央行捍衛新台幣棄守，只輕描淡寫地說，央行完成了階段性任務，但是對全球投機客而言，這無異是宣示央行投降，暗示台灣經濟基本面出問題，就從這一天起，外資奮力出脫台灣股票，每天都有大幅賣超，其中十月二十二日出現逾五○億賣超，更是震撼市場。十月二十一日財政端出四大拯救股市方案，造成二十二日股市逾四百點大漲，可是外資卻逢高賣超五○億元股票，根本不給財政部面子。外資大賣壓又造成二十三日電子股大跌，使得股市危機始終揮之不去。

現在股市匯市有如一對苦命鴛鴦，必須互相扶持，才有辦法化解這場空前的金融危機。以匯市而言，既然央行已棄守新台幣，現在央行任令新台幣貶值，一方面可以測試市場兌換美元的換匯壓力有多大，一方面必須趁此機會寬鬆市場銀根，將緊俏不已的資金情勢緩和下來；等到央行看清楚對手實力之後，也許新台幣可能貶至三十一、三十二或三十三元，都沒關係，但是央行必須有實力將新台幣的貶值頹勢扭轉回來，也就是新台幣超貶後，迅速拉回三○元左右。到了三○元，央行則必須鄭重宣告台幣以三○元爲底線，今後三○元即是台幣合理價位，任何投機客絕不可能得逞，那麼新台幣在貶值後開始升值；這時套匯壓力紓解，銀行美元部位可望逐漸換回新台幣，市場銀根將寬鬆，股市危機可望化解。

錢往升值國家流

因此，欲觀察股市跌勢合時回穩，除了財政部不斷宣告救市措施之外，外匯市場也是重要觀察指標，一旦新台幣貶值危機平息，股市才有可能長治久安；假如台幣跌勢不止，股市逢高都是賣點，因爲錢潮不會駐足在一個貶值的市場。從這場東南亞危機，再到亞洲四小龍面臨的窘況，可以看出幣值高低也是國力高低的另一個指標，這回匯市重創股市的例子，新台幣重貶至十年新低價，恰與七十六年台幣升值完全兩樣。八十六年台幣重挫導引股市重跌，與民國七十六年台幣猛力升值，股市大漲完全是兩樣情。

民國七十六年，由於台灣對美國巨額順差，美方強力要求台幣升值，當年台幣由四〇元大關往上升值，央行一分一分地慢慢升值，予全球投機客可乘之機，除了貿易順差異積的資金效應外，國際熱錢紛紛湧向台灣，台灣股市與房地產都在新台幣日日升值中，創下驚人的漲幅。七十六年股市從一千點起漲，到了七十八年衝過萬點大關，到了七十九年股市衝到一二六八二才譜下休止符，而房地產則大漲五、六倍；這段新台幣升值過程，創下台灣歷史上罕見的金錢遊戲狂潮，也爲台灣衍生了一場泡沫經濟危機，當時除了國內資金投機外，國際熱錢也不放過台灣，猛力炒作。可是這一次台幣貶值，景況完全不同，股市瞬間暴跌三千點，新台幣重回十年前三〇元大關，這是罕見的景況。

可見幣貶使股跌，幣升而股漲，錢潮永遠追逐強勢貨幣，這次亞洲出現貨幣危機，國際熱錢回流歐美，造成英國股市頻創新高。這是因爲國際資金回流，亞洲股匯市一片慘跌，歐美卻風風光光。從幣值強弱，大家可以充分感受出股市與匯市的互動關係，當台幣再度走強時，台股也將出現止跌反攻的契機。

第五部
夢幻戰場：大中華投資圈

台灣置身於大中華經濟圈的外圍，
今後經濟政策勢必大大受到
深滬港三地的衝擊。
當深滬港股市正欣欣向榮時，
台灣如何因應？

中國資本化的明鑑：談深圳與上海股市

根據摩根史坦利全球資本市場投資報告顯示，兩岸三地四個股市在一九九六年十一月份都有非常不錯的表現，這其中，整體中國股市的投資報酬率爲一一五％，而以大陸當地人民投資的A股，以美元計價的報酬率高達二〇・五％，高居全球首位；而外國人投資的B股，以美元計價的報酬率則達四・六％。至於香港股市一九九六年十一月的投資報酬率則達七・九％。即或台灣股市也表現得可圈可點，報酬率也達五・四％，都遠超過全體新興市場一・六％的報酬率。在全球股市漲聲連連當中，以兩岸三地中國人爲主的股票市場，似乎散放出耀眼光芒。

深圳A股漲幅獨冠全球，上海A股漲幅逾倍

一九九六年可說是兩岸三地四個股市閃閃發光的一年。如果將整個年度的漲幅加以統計，一九九六年深圳A股漲幅高居世界第一，深圳A股成分指數從九六年六月九日的一〇一四・七大漲至十二月九日的五二〇五・〇九，漲幅高達四一四・二％，深圳A股綜合指數則從一〇七・九三，到四九一・〇四，漲幅也高達三五四・九六％，深圳A股累積如此之大的

漲幅，在全球股市無人能出其右，更可怕的是一九九三年深圳股市狂潮再現，深圳A股在九六年十一月下旬，出現單日成交逾二○○億人民幣的空前紀錄。

有了深圳A股示範在前，一九九六年四月間上海市副市長召集上海市證監主管開會，以全力造市爲中心，希望向深圳股市看齊，於是上海股市展開多頭猛烈攻勢。上海A股自五○七點起漲，此後一路過關斬將，到了一九九六年十二月九日已大漲至一三○六・七八，深圳A股九六年創下一五七・五九%的驚人漲幅，且在股民爭相入市之下，深圳A股也創下單日逾一九○億人民幣的空前成交量。而更令人驚奇的是，多年來始終原地踏步不動地以美元交易單位，只有外國人可以交易的B股，也在A股大漲的衝擊下展開凌厲的補漲勢。

以深圳B股來說，一九九六年一至四月，是盤在六○點上下的一條直線，B股市場根本乏人問津，到同年六月上旬，消息傳出，持有美元結匯的本地人也可購買B股，使得B股擺脫頹勢，首度登上一百點大關，後來中共官方出面澄清，境內人民不得購買B股，又使得B股在九○點上下盤旋達三個月之外，到了十一月中旬，因爲A股累積了可觀的漲幅，B股與A股的相較漲勢落後很多，於是資金以各種名目開始介入B股拉抬。至此，深圳B股出現可觀的漲幅，B股再衝過一○○點大關之後，即呈現飆漲之勢。到了十二月九日，深圳B股已衝抵一九八・一四，如果由年初的五八・九七起算，漲幅高達一・八倍。而上海B股則出現更戲劇化的走勢，一九九六年一整年，上海B股一直維持在五○點上下的橫盤格局，十一月中旬卻一度下挫到四四・八七，等到深圳B股大漲之後，上海B股又被帶動，使得上海B股迅速大漲，在短短不到一週之內，上海B股即衝高至七五・三三，股價瞬間大漲六八・二二%，有深圳B股大漲的良性示範，上海B股似乎欲小不易。更值一提的是上海B股在九六年十一月中旬創下歷史新低點後，旋即大漲又創新高，充分看出上海股市的活力。

深圳B股大漲，中國「全民皆股」

到一九九六年第三季為止，在上海與深圳兩地股市上市的公司已高達四六七家，以上市家數論，中國股市已直逼香港，且遙遙領先台灣，如果與一九九二年股票公開發行與試點前相較，上市公司的規模增加了八・四倍，而上市公司的總股本則高達一千多億股，全國上市股票總市值則超過一兆人民幣大關。而一九九六年一至十月，深滬兩地股市的成交量合計已達一兆三千億人民幣。值得一提的是，中國一方面積極建立國內證券市場，另一方面也不斷探索進入國際證券市場的途徑。到一九九六年十月底為止，中國已先後有二十四家企業發行境外上市外資股，包括在香港上市的H股及在美國上市的N股，在籌集資金四十四億美元。隨著股市蓬勃發展，目前在中國證券市場的國內投資者高達一千五百萬人，專業證券公司九十七家，證券兼營機構三三〇餘家，證券營業部二千二百多個，證券從業人員總數超過十萬。中國股市快速度的發展，在全球股市堪屬空前。

假如從一九九〇年十二月十九日深圳證券交易所成立算起，中國發展股市僅七年光景，這七年來，中國股市基本上屬於狂升狂跌的不正常狀態，政府當局經常扮演重要的角色。例如，當股市低迷或有其他非經濟原因時，政府就出來救市或開頭支票鼓勵投資者入市，或對市場違規行爲，例如大機構操縱市場、透支交易、企業利用銀行貸款炒股、處級以上領導幹部炒股等，不聞不問、放棄監管，形成全黨、全民皆股的怪現象。再加上市場容量太小，中國流通股票總市位與國民生產毛額總值之比，即證劵化比率尚不及二%，股市很容易被操控，更容易飆漲。

例如一九九四年七月，中國股市處在低迷期，上海A股已跌至三三〇點，深圳綜合指數已跌進九十六點的歷史新低，中國證監會與深、滬兩地證劵辦都出來救市，相繼推出許多激勵人心的喊話鼓勵投資人入市。結果上海A股漲至一〇〇四點，深圳指也漲到二二三點，後來因爲支票沒有兌現，上海A股又跌向六六〇點與一五六點。

這一輪上海與深圳股市的飆升與二次減息與觀調有關，而最重要的則是深、滬兩地政府爲了造市，不斷推出一些優惠方案，例如政府宣布對上市公司實行「減稅讓利」、「返稅擴資」、「優先貸款」等，這些「招市」訊號，造成股市漲勢欲罷不能。一九九六年五月一日，中國人民銀行第一次宣布減息，六月份深滬股市已出現爆炸式的上衝走勢，到了八月份人行又宣布第二次減息，中央放鬆調控決心明顯，股市便如同脫韁野馬，瘋狂飆升指數和成交值一日高於一日，於是一九九二年、九三年間的炒股狂潮再現。一九九二年深圳發行股票認購表格，結果吸引成千上萬本地及外地居民，一窩蜂湧向深圳，各大證劵公司及金融機構門外股民大排長龍，最後竟釀成秩序大亂災禍。

港股牛市當關，外資欲罷不能

一九九六年中國股市可用「瘋狂」兩字來形容，與一九九五年底相較，深圳漲了三倍以上，上海則漲了一倍以上，論漲幅，深圳A股高居世界首位；論成交值，深圳A股日成交值最高達二〇三億人民幣，上海A股則達一九二億人民幣。深滬兩地成交量逼近四〇〇億人民幣，這個單日成交值，令曾出現一三一億港元最大成交值的香港大爲遜色，也令偶而有超過千億成交值的台灣股市失色。深、滬兩地股市已成爲兩岸三地閃閃發亮的尋夢天堂。

不過令人擔心的是「全民皆股」現象重演，這次狂潮甚至比一九九二年、九三年更瘋狂。當時中國除了股票熱外，房地產也十分熱，資金有許多出路，不致形成「唯股獨尊」之勢，現中國境內房地產依舊低迷，民間消費也沒明顯回升，真正的「唯股獨尊」現在正要開始，使股市一下子進入瘋狂飆升狀態。以九五年收益的統計來看，深圳A股本益比已高達四六．九七倍，而上海A股的本益比也高達三八．三四倍，若計自九六年上市公司盈利成長二〇%，深股本益比約三七倍，滬股本益比爲三〇倍，深、滬兩地B股因爲本益比皆在一〇倍左右，到了九六年十二月份成爲股民追捧目標。高本益比及高度投機應是中國股市最大的特色。

至於九七前的港股，已走了十多年多頭行情，堪稱是全球股市牛市持續力最強大的市場。一九八七年十月股災，港股由三九四九．七三重挫到一八九四．九四，此後恆指即緩步推升。一九九三年港股衝至一二五九九，直逼台股一九九〇年創下的一二六八二歷史新高。一九九五年一月，恆指返六八九〇．〇八，又展現多頭強勁的攻勢，到了一九九六年十一月二十八日又創下一三七四四．三〇的空前新高紀錄，若由六八九〇起算，香港恆生指數一九九六年來大漲九九．四七％，漲幅尙不及深、滬兩地股市，但若以成熟市場來看，港股的表現已夠令人目眩了。

值得一提的是一九九三年港股由九千點推升到一二五九九，最後三千點的漲幅是暴漲上升，只耗時五個星期。這次大漲三千點，足足走了十一個半月，這種穩步舉升顯得較踏實。與中國股市股民「唯股獨尊」的情況迴異。香港股市的主導者是外資，外資在港坐擁巨資，使其一舉一動都受股民注意，表現在外的是香港本地券商競爭力減弱，前十大券商幾乎全爲外資所奪。而且，法人機構投資不易出現散戶搶進的瘋狂進價現象，股市得以維持平穩發展，而推升香港股市最大的利器，則是香港金融業與地產業的高獲利，使港股本益比得以維持在低檔。例如旗鑑的匯豐控股一九九六年本益比爲一三．五六倍，一九九七年度獲利由三〇億港元得升至四一一億港元，本益比將降爲一〇．〇三億。

中資集團的中信泰富一九九六年獲利三〇．七三億，九七年可達六七．九五億港元，本益比將從二九．五倍，降至十二．四倍。高獲利與低本益比是港股最大特色，只要這個現象存在，而外資對港股評價沒有改變，香港股市榮景應可維繫，摩根史坦利在九六年十月份提出一份報告指出，港股在未來兩年之內，恆生指數將推升到二萬八千點，這是振奮香港人心的大預測。唯一的變數是居高不下的香港房地產，只要香港地產有趨跌的壓力，港股便有大幅回揚的新機。

若是相對於深圳A股大漲三倍半，上海A股與香港股市大漲一倍的強悍表現來看，台股加權指數一九九六年由四五二〇漲到七〇八四，漲幅五六·七%表現相對遜色，這是因爲台灣景氣尚未復甦，再加上股市投資人已轉成熟，市場表現較穩健，不過由於政府對景氣復甦的營造不遺餘力，股市榮景應可維繫。

九六年及九七年一至六月十大交易所
以全年平均每月交易流通速度計

證券交易所	1997年的交易流通速度（%）	市值（6/97）億美元
紐約	66.7	80748.545
東京	32.7	32141.812
倫敦	47.8	18828.691
德國	139.5	7779.997
巴黎	64.6	6201.590
香港	73.1	5511.474
多倫多	56.6	5433.087
瑞士	118.8	5213.549
阿姆斯特丹	61.5	4522.995
台灣	395.7	3352.611

論香港九七前的房市大漲

一九九七年七月一日，不但是香港回歸中國的大日子，很可能也是改變兩岸三地中國人投資決策的重要里程碑。因爲中國在九七之後，除了擁有上海、深圳兩個交易市場外，擁有四五九家上市公司，總市值逾四千億美元的香港股市也將納入中國版圖：中國不但從此一躍而爲世界第三大股市，經濟力也將從此大躍升。台灣股市置身在即將成形的大中華經濟圈外圍，只有兩條路可走，一是繼續走「戒急用忍」的政策，與中國經濟一刀兩斷，那麼台灣經濟長期的發展，很可能向東南亞國家看齊；反之，若積極迎向大中華經濟圈散發的魅力，台灣也將沾光，香港九七將成爲台灣經濟發展的新轉換點。

九七未至，港人已先瘋狂

九七前夕，香港股市卻以連續大漲的姿態來迎向九七，港股在一九九七年四月一日跌破一萬二千點大關後，多頭發動猛烈攻勢，一路過關斬將，量價頻創新高。五月二十六日，恆生指數大漲二四二．九六，成交值則創下二〇五．八七億港元的空前新高，紅籌股掀起的炒作狂潮，再加上藍籌股、匯豐控股及長江實業的帶動，港股漲勢異常猛烈；市場人士預估九七之前，香港恆生指數可達一萬五千點以上，九七之後，恆指有可能繼續朝二萬點大關逼進。就在這個時候，香港的彭博紅籌股指數也創下有史以來單日最大漲幅，單日大漲一八・六五點，漲幅高達七・〇五％，約在二八三・〇五的歷史最高價上。

紅籌股大漲的氣氛則是受到在一九九七年五月二十九日上市的北京控股所推動。北控上市前夕，全香港掀起一片認購北京控股的狂潮，北京控股是北京市辦企業，由北京市副市長擔任董事長，旗下企業包括麥當勞、高速公路及地產，是北京市政府的代表企業，未上市已先轟動。香港聯交所首日印出四十萬份認購書，立即被一掃而空，再加印五十萬份也是如此，此時認購書的黑市已由三〇〇港元炒到五〇〇港元以上，直到充分供應爲止。這次北京控股超額認購逾一千六百億，凍結的香港資金逾三千億港元，而北京控股也創下香港空前高的超額認購紀錄。一九九二年到九三年間，紅籌股也一度掀起狂潮，當時上市的中國旅行社超額認購四一二倍，招商局海虹三七三倍，越秀投資二三〇倍，聯威投資六五八倍，這次北京控股上市的超額認購則創下空前紀錄，香港銀行資金被凍結，利率調升了幾碼，港人全民皆股，甚至到了「見紅必炒，逢紅即發」的地步。

北控在五月二十九日上市，每股承銷價十二・四八港元，在未上市前的黑市已炒上五〇港元。有了北京控股的激勵，號稱五大天紅籌股——中信泰富、上海實業、華潤創業、中國光大明輝、招商局海虹都紛紛向上比價，其中，上海實業、中信泰富正朝五〇大關邁進。在朱鎔基帶頭打壓深滬股市，並且嚴懲大陸券商帶頭炒作港股的申銀萬國情況下，深滬兩地股市都大回檔，可是香港紅籌股卻欲罷不能，港股則是扶搖直上，直逼一萬五千點。

這顯示，九七之後的香港，很可能搖身一變成為中國高幹的淘金聖地，港股飆高，顯示香港回歸中國順利成功，而中資集團隱身在香港資本市場之後，占盡了大便宜。九七之後，來港上市的中資與國企將絡繹不絕，香港將成為中資坐大的主要窗口。以上海市駐港窗口公司上海實業為例，該公司九六年以七・二八港元上市，九七年中漲到四五・四港元，已足足大漲五・二三倍。這家市值原本只有二〇億港元的公司，在上市一年不到，總市值已暴增至三一六億港元，市值膨脹了一四・八倍。這種情況如同九〇年代初期中信泰富登陸香港，原先只是一家不到一〇億港元市值的小公司，如今成了中資旗艦，總市值已直逼千億港元。這種大躍進，怪不得北京市政府也迫不及待想要在股市一顯身手，共產黨人炒起香港股票虎虎生威，令港人咋舌不已。

共產中國將成為全世界第三大資本市場

九七之後，中國將併入香港股市，也接收了香港的外匯存底。七月一日後，中國的外匯存底將達一八三五億美元，穩居世界第二大外匯存底國；而中國擁有深滬港三個股市，總市值超越七千億美元，將成僅次於美、日的全球第三大資本市場。台灣股市與深滬港三地股市互動將日趨頻繁，香港回歸中國後，港股若扶搖直上，台灣股市很可能跟著港股更上一層樓。而未來在大中華經濟圈當中，深滬港台四地股市將發揮「既聯合又鬥爭」的效果，四個股市的漲跌互動將更趨緊密，台股將擺脫昔日受到日、美兩地的牽絆，走勢將與中國三地股市互動。

而在選股上，兩岸四個相對優勢股，股價才有較大的發揮空間，例如，深滬兩地的工業股將占優勢，例如四川長虹、青島海爾生產家電產品行銷全國，股價將易漲難跌；四川長虹三年之間股價大漲六〇倍就是一個顯例。此外深圳股市最近興起回歸概念股，因九七而受惠的公司，股價都上漲，例如與能源、交通、港灣有關公用事業股，如深招港、深赤灣；其次是房地產股，九六年南油物業便足足大漲了五、六倍。近期深滬兩地興起重慶板塊概念股。一九九七年重慶市升格為直轄市，成了股市熱門題材，九七年重慶上市的十一家公司（滬市四種，深市七種）股價皆上揚。至於港股的優勢仍在金融、地產及中資淘金的國企H股及紅籌股、香港的匯豐控股、恆生銀行、長江實業、和記黃埔等都有代表性。

台股IC產業業不容忽視

台灣股市置身在深滬港三地股市中，傳統產業的優勢將讓給深滬兩地，而金融及地產，台股又比不上港股；在專業分工效率與競爭力上，台灣的電子業最具優勢，其次則是到大陸投資有收成的優質中國概念股。在香港九七前夕，台灣股市已逐漸激盪出新效應，電子股及中國概念股逐漸脫穎而出，尤其是大陸與香港目前從缺的IC股，更是台股炙手可熱的新標的。

從香港經濟奇蹟看台商投資大陸

在香港九七前夕出版的《時代》雜誌附刊了一張明信片，圖裡只見中國的龍在香港的上空飛騰，寓意明顯，中資將接管一切。有人認爲中資將接管一切，有人認爲中資接管不利香港，但從近幾個月來紅籌股在港颳起旋風，香港未來誰掌握大趨勢已經很清楚了。回顧香港證券史，在一九七二年前後，香港股市盡是英資大行天下，匯豐控股、恆生銀行、怡和洋行、置地、和記黃埔、文華、會德豐、九龍倉、大酒店、港澄、英之傑、天星輪——有哪一家不是英資？因爲香港是英國殖民地，英商處處佔先，一九七二年是英商最後拓展勢力的一年，當年英資置地和由華資控制的牛奶公司，港府曾暗中幫了一把，結果造成置地獨吞由華資控制的牛奶公司，港府曾暗中幫了一把，結果造成置地雄霸中環寫字樓的局面。

但進入一九七二年之後，再也很少看到英資收購華資，反而頻見華資收購英資。首先是匯豐將和記黃埔的經營權讓給李嘉誠，接著有包玉剛「游上岸」，力搶九龍倉與會德豐，此後港燈、煤氣又落到華資手上。一九八七年華資的四大王天——李嘉誠、鄭裕彤、包玉剛及新鴻基地產想要瓜分置地，卻受制於怡和的七年之約，這幾年來，英資且戰且走，如今國泰、電訊都逐漸轉至中資之手，而怡和是在幾年前便轉至新加坡掛牌。政治上，向來是一朝天子一朝臣，經濟上則向來是「官商勾結」，這個「勾結」不一定是壞事上的勾結，而是官方的一些發展有時候要靠商家幫忙，而商家的一些發展，有時候也要借官家之力，古今中外皆如此。未來「龍」的地方，中國接管治權之後，非「龍」的一輩怎能不退。

看完香港的一頁股票發展史，回頭再看台灣則更清楚。第二次世界大戰結束，美國股市從一五〇點起步，到了一九六六年登上一千點大關，這段期間，美國國力籠罩半個地球，美國產製的工業用品行銷全球，到了一九六六年七月，美國戰機轟炸北越首都河內，越戰升級，美國爲支應戰費，亂印鈔票，造成惡性通膨，一九八〇年金價漲到一盎斯八四二美元，美國國力被越戰拖累，但是卻製造了港台經濟發展契機，台灣與香港都因爲有大批美軍「消費」，造成經濟開始重大發展。香港股市恆生指數這時剛從一百點冒出頭來，一九七一年美國實施浮動匯率，大量投機性外資湧至香港，將港股在一九七三年一口氣炒至一七七三點。但隨著石油危機及七五年越戰結束，外資撤離，港股摔得四腳朝天，重挫至一五〇點，香港經濟陷入愁雲慘霧。其後通膨令金價大漲，地產升值，港股在一九八一年寫下一八〇一點高價，但是好景不長，香港碰到前途談判，股價大暴跌，到了一九八二年十二月三十一日，港股跌六七六點，這時候香港開始跟中國掛上鉤。

一九七八年中國在鄧小平起來後，開始走上經濟改革的道路，在那幾年偷渡進入香港的人，最少有五十萬人取得香港身分證，香港樓價飆升。而眞正的轉捩點則是中國在七八年深化改革後，一九八四年中英協議終於完成，香港商人在局勢底定後，大規模進入華南經濟圈投資，港商利用大陸廉價勞工及租金成本，將生產線遷入中國，造成香港經濟的第二春。換句話說，香港若是只憑六百萬人口彈丸之地，恆生指數頂多只能漲到一七七三點，但是一九八五年港股衝破一千八百點後，從此再也沒有回來。一九八五年港股衝到萬點以上，眞正的動力來自中國。六百萬人的香港，以六千萬人口的廣東省做爲廣大腹地，精明的港商使用了粵省資源，單是進出口貿易額就逾三千六百億美元，比十二億人口的中國還大，而香港的資本市場，港股總市值四兆二千億港元，十二億中國深滬兩地股市AB股加起來只有四千五百億人民幣，換算只有香港的十分之一，這如果從人口結構來看實在是太不相稱了。

一九八四年香港人全力進軍中國，爲香港經濟奠定了十三年的太平盛世基業。港股從一九八二年的六七六點，大漲到一六八六二點。到了世紀末，下一棒全看台灣，要檢視台灣經濟的大起或大落，全看台灣是把大陸市場當腹地，或是將之當成拒絕往來戶。如果主政的台灣當局老患恐共症，一直對大陸市場「戒急用忍」，台灣經濟將很難有明天。

頂益與正新用成長說明實力

這次康師傅「班師回台」對兩岸堪稱是一樁盛事，也是美事！彰化魏家兄弟在大陸投資八年，曾經跌倒過，但是一九九二年站穩腳步後，九二年營收僅二八一五萬港元，到了九三年再成長爲三・六六億港幣，九四年再進步到一四・四億港元，九六年則預估可達六五億人民幣，而在盈利方面，除了九二年小虧六七八萬港元外，九三年爲一・一二億，九四年爲四・

三三億，九五年為五．五一億，九六年再進步到七．一一億。這個成長軌跡，是使得魏家兄弟能夠拿回百億投資台灣的主要憑藉。

一直以來，政治決策官員都擔心台商投資大陸「虧損比賺錢多」，「台商大規模投資大陸會造成產業空洞化」，「根不能留台」，再加上中共對我頗不友善，所以大陸投資必須「戒急用忍」。殊不知，事實上，錢在生意人手裡，賺不賺錢，大家心知肚明，政府怎麼可能管得著。如今康師傅「衣錦返鄉」，有如離家遊子已功成名就，在他鄉賺大錢後，也決定回到自己故鄉耕耘自己土生土長的土地。如果這次中共「樂觀其成」的話，那將對照出台灣政府「格局太小」，李登輝總統的「戒急用忍」必然會受到嚴厲的考驗。

頂益集團如果不到大陸投資，今天很可能還是在彰化賣清香油的小廠，正新的情況也是如此。先探周刊一篇〈正新跳躍成長不是夢〉的文章指出，正新的獲利推估到一九九九年全年獲利可達二十五億，假如正新沒有到大陸設廠，到一九九九年，正新台灣廠一年頂多獲利六億，每股EPS只有一元。但是大陸廈門廠八十二年開始產生獲利，八十二年賺一億台幣，八十三年賺二．六九億，八十四年賺二．九九億，八十五年為二．七五億，今年廈門廠營運大成長，而廈門廠二期建廠又將完成，今年預估可賺四．三億，等到民國八十八年廈門廠擴建完成，盈利可達十億，將遠超過台灣廠的六億，而八十六年崑山廠完工，年產大胎三五〇萬條，規模與廈門廠十分接近，也就是說八十八年後，正新的廈門與崑山廠同時擴建完成，到了八十七年大陸廠貢獻七億，八十八年則可貢獻十九億元，屆時正新一年獲利可達二十五億元，EPS在一年增資一〇%的情況下，仍可達三・四一元，本益比將可壓低到十幾倍，正新的投資價值充分顯現。反觀很多傳統產業股，如今卻面臨窘境，像台泥民國八十二年全年營收創新高，這幾年營收卻持續衰退，獲利與營收每況愈下，可是台泥股本已從八〇年的八〇億增到今年的一五四・九八億了，股本膨脹了一倍，獲利卻不增反減，如今台泥的EPS只有〇・九二元，當年的績優股，如今已變成投機資產股了。

深耕大陸有成的電子股是明日之星

假如台灣的企業今後充分以大陸市場爲腹地，空間版圖都將擴大，台灣股市再漲到一萬二千點也不是什麼大事。日前矽谷舉行了一場台商高峰論壇，CONVERNANT電腦科技公司執行長林柱中即表示，台灣很依賴個人電腦產業，但台灣專長的OEM訂單，在價格競爭下，恐不是大陸的對手，同樣一片ALL-IN-ONE的主機板，在美國英代爾一片要做到十八美元，台灣只要十一美元，但大陸只要五塊美金就可以了。其他如滑鼠、鍵盤、監視器等周邊產業，大陸成本壓低便很可能對台灣造成重大威脅。在這種情況下，與其坐以待斃，不如將大陸市場做爲腹地，全力深耕，然後再以台灣做爲接單、設計與行銷中心，大陸則成爲製造中心，以台商的管理及靈活滲透能力，兩岸在製造業充分合作，這個威力將非同小可。

目前在電子業已領軍開跑的，從達電在大陸設廠獲利呈現三級跳來看，像明碁、華通的大陸廠才正要跨過損益兩平的門檻，明年起才邁向高成長，而楠梓電則是在去年跨過損益兩平門檻，今年賺一億，鴻海則更上一層樓，獲利孫孫日上，鴻海股價登上二〇〇元大關，將是英誌與聯昌的榜樣。光寶目前東莞廠產製電源供應器、天津廠生產LED，其中東莞一廠今年營收二四億，東莞二廠爲九億，天津廠則可達七億，大陸廠今年可貢獻四〇億營收，由於東莞廠與天津廠都是今年加入營運，未來產能滿載營收皆可達二十至二十五億的水準，明年貢獻可達七十五億元，單這個部分，即可滿足全年四分之一的目標。上櫃的大霸在上海設了兩個廠，去年大霸的大馬廠營收一四・五億元，大陸的營收則爲一四・五億元，大陸廠的營收將高達六八・五億，大陸的成長力道相當可觀。大霸目前充分運用大陸的土地及人力，主要客戶已涵蓋AT&T、西門子、北方通訊等大廠，未來成長空間值得注意。

康師傅旋風捧紅了中國概念股

頂新集團在大陸耕耘播種有成，而後決定在台投資一百億元，這是政府開放國內企業赴大陸投資以來，首宗大陸台商反向回台投資的案例，這一改昔日台資一窩蜂單向流向大陸投資的現象。自從民國七十八年以來，台商投資大陸件數日多，金額愈來愈大，有鑑於國內產業紛紛外移，「台商大陸投資金額之多，實乃罕見」，因爲產業與資金外移，造成國內產業空洞化的問題，於是李登輝總統在首屆民選總統就職後不久，即公開呼籲台商大陸投資宜「戒急用忍」。這一年來，「戒急用忍」成了經濟部規畫國內企業赴大陸投資的最高指導原則，王永慶便是「戒急用忍」下的頭號戰犯，迄今王永慶只能利用迂迴曲折的手法來投資漳州電廠。如今頂新集團在大陸耕耘有成之後，一改昔日台灣資金單向流向大陸的慣例，不僅打破了「戒急用忍」的疑懼，而頂新集團赴大陸投資迅速成長，也間接使投資大陸的上市公司更加充滿想像力。

頂新集團八年前赴大陸投資，前幾年屢經波折，後來解決行銷問題，頂新開始邁向成長。一九九二年頂新集團全年營收僅二八一五萬港元，虧損四六八萬港元，到了九三年營收躍升至三・六六億港元，純益達一・一二億港元，此後頂新集團獲利年年成長，到了九六年全年營收達四一・四億港元，純益達七・一一億港元，九七年全年營收可望超過六五億人民幣，而截至去年爲止，頂新集團在大陸各省的投資金額已高達一〇・五億美元，單是天津就投資了四億美元，杭州、廣州及重慶也都各投下一億美元以上。

一九九六年頂新集團以頂益控股的名義赴香港掛牌上市，頂益總計發行四四・一七億股，票面〇・一港元，目前總市值爲港幣七〇・五九億元，換算成台幣爲二五〇億台幣，以市值來比較，頂益控股在台灣股市僅次於統一、農林，在台灣股市可居食品股第三位。頂新集團八年前原本只是彰化縣生產清香油的小廠，如今因爲到大陸投資成功，連老牌的味全、味王都不是對手，且一出手就可拿百億元回台投資。這個傳奇投資過程，使得台灣股市對投資中國大陸進入收成的實質中國概念股產生莫大的憧憬。

中國概念股漲勢凌厲

結果是先在香港紅籌及深滬兩地帶動下，赴大陸投資且有具體成果可以貢獻台灣母體事業的中國概念股，成了電子股外閃閃發亮的巨星。表現最出色的如兩檔輪胎股，正新從五月十二日的三七・四元起漲，除權前漲到五二元，六月十六日配發〇・二元現金股息及一元股票股利後，正新在十八日又大漲到五六元，表現勇冠三軍;建大則從三八・五元一路漲到六一・五元。生產自行車的巨大工業則因崑山廠年產能突破一百萬輛，股價自三九元發動，如今漲到六二元，漲幅高達五八・九%，另一家自行車製造廠美利達也從二四・五元漲到三一元，而兩家鞋業大廠也都沾上了中國概念股的光彩，寶成工業在除權前漲到一五五元，除權後再漲至一二九元，豐泰則自八七．五元漲至一一二元。其他傳統產業與中國概念股沾得上邊的，如統一實業、統一、南亞、震旦行、福懋等，都有比大盤更出色的表現。而電子股投資中國大陸具豐厚成果的台達電子，這輪由一二〇．五元飆升至一九〇元，鴻海則自一四三．五元飆向二二四元，楠梓電則自七二元跳升至一〇一．五元，其他如光寶、明碁、致伸都因為中國概念使漲勢更加凌厲。上櫃的大霸、英誌、聯昌等也都因為中國概念的因素，使得股價漲升創下更驚人漲幅。

目前台灣股市在創下七年來新高紀錄後，未來格局是大是小，端看香港九七之後，兩岸三地的新變化。從香港股市的發展範例來看，港股在一九八二年才只有六七六點的低價，與台灣股市在十信風暴之際跌至六三六點，頗有異曲同工之妙。台股大漲後，發生泡沫經濟，股價一度跌至二四八五點，但香港從六七六點起漲，跳過一千八百點後，一路緩步推升，如今港股已創下一五〇二〇點的歷史新高，即使近期港股受到中國政府冷卻股市的影響，但恆生指數仍然站在一萬四千點以上。反觀台灣股市這十年來，跌跌撞撞，好不容易才攻上八千點，台股距港股仍有六千點的差距。這是因為六百萬人口的香港以六千萬人口的廣東省為腹地，港商充分應用大陸廉價勞工，為香港上市公司帶來可觀的利益，一直到八十六年上半年為止，港股雖然大漲到一萬五千點，但是港股本益比才不過是十六倍，而香港資本市場創造了四．二兆港元的市值，居然是十三億人口的深滬股市兩地合計的十倍。六百萬香港人創造的進出口貿易總額超過十三億人口的大中國，這堪稱是近代經濟史上的奇蹟。

未來台灣企業若能以廣大的中國市場爲腹地，台灣的上市公司若能創造在台灣接單、押匯、設計、研發、行銷等功能爲一體的接單中心，而將大陸做爲製造中心，台灣股市萬點將不是夢，反之，如果台灣經濟向「戒急用忍」低頭，經濟愈走愈封閉，台股將來前途十分坎坷。

紅籌股拉高了港台股市本益比空間

香港九七前夕，北京控股在港上市，造成了一千二百倍超額認購的狂潮，而北京控股由一二·四八港元，一口氣大漲至五五·五港元，更使香港人大開眼界。以去年的本益比來看，香港最貴的紅籌股光大明輝高達八〇四倍本益比，中國石油本益比則達一九一倍，上海實業達五三倍，新海康則達七二·四倍，華潤創業也達四七·三倍，香港股市向來本益比只有十五倍上下，如今中國紅籌股動輒四、五十倍本益比，這代表了港人對中國經濟發展樂觀的評價，十五倍本益比都可容忍四、五十倍的中國紅籌股，在這種情況下，台灣股市也將因爲中國概念股帶來的成長空間，使本益比壓力再獲紓解，而中國概念股如正新、寶成工業、巨大等將本益比拉高之後，也間接帶動了國內股市的比價空間。

在傳統產業中，正新因爲將投資中國廈門與崑山，從一九九三年貢獻一億元之後，大陸廠收益逐年提高，到了一九九九年正新大陸廠預估可帶來十九億元利潤，這使得獲利已停滯的正新輪胎搖身一變爲成長股，像台達電大陸廠獲利扶搖直上，去年已占全年獲利八七％，寶成工業對裕元工業的倚重日深，都成了股市日益倚重的題材，台灣企業有許多陷身傳統產業，十幾年來依然故我，如今大陸投資成了追求成長的一個重要里程碑，能夠耕耘海外市場，且能獲取戰果，股價都有正面回應。國內這一輪的中國概念股在九七前後，將是股市不可忽略的題材，同時也是推動台灣股市邁向多頭行情的重要燃料。

九七後香港會不會變成廢墟

國內股市的在九千點時所演出的攻防戰，情節很像香港九七之後的恆生指數在一萬五千點的爭戰，都很耐人尋味。七月一日從媒體上看到香港九七交接，解放軍三軍登陸香港的場面，令人內心悸動不已。九七之後，對香港前途悲觀與樂觀剛好是兩個極端，樂觀的一派認爲九七之後港股仍將持續向歷史高位攀升，英資的怡富集團就認爲，港股目前的本益比只有十五倍的水準，比起其他東南亞市場水準都低，未來只要朝二十倍本益比的目標邁進，港股將上調至一萬八千點，甚至是二萬點大關。美林則發表看壞香港股市的訊號，預測九七之後的香港會先跌一成半，然後是一個大熊市的開始；到了九七年底，港股將跌得鼻青臉腫，最後會只剩下八千二百點。看好的人上看兩萬點，看壞的則說會跌至八千二百點。

最有想像力的莫過於向來有「末日博士」之稱的投資顧問專家麥嘉華，他爲香港描繪出這樣一幅前景：「由於租金成本太高，市場分布又過多地放在房地產行業，成爲香港缺乏競爭力的致命傷，香港的國際金融中心功能最終會被上海完全替代；至二〇一〇年，香港已經淪爲中國大陸衆多城市之一，屆時外資紛紛撤離，基本法及港幣被人在骨董市場上兜售。香港因樓價下跌而吸引全球的嬉皮士及年輕的藝術家湧入，令香港成爲前衛藝術中心。聯合證券交易所將成交不足而倒閉，現時沸騰的交易廣場，最後會變成一座瘋人院。」

麥嘉華可說是看空港股或香港九七之後未來的代表作。麥嘉華的立論重心在香港地產的未來，這也是香港目前面臨的兩難抉擇，因為高房價萬一掉下來，已居高不下的港股可能引發大暴跌危機，九七之後的香港更有可能因為股價崩盤引發金融風暴。因此，可以說地產是貫穿港股的任督兩脈。香港上市公司因為地產價格大漲，使上市公司獲利水漲船高，進而推動股價，香港地產股本益比只有十倍出頭，即得力於地產價格居高不下。

所以，九七之後的港股能否由一萬五千點朝二萬點大關邁進，香港地產行情必須持續攀高，地產股上揚，帶動金融股大漲，進而使紅籌股、國企H股得到活力，港股則可看好。反之，新的特區政府壓抑地產價格，香港地產價格大幅滑落，港股將每下愈況，地產行情應是港股的中樞神經。在港英時代，港股在一五一九六·七九譜下休止符，七月三日，一個完全屬於中華人民共和國的香港股市如何跨出歷史的第一步，香港地產的起落，將牽引著香港股市的漲跌。

港台股市的關聯

而港股的暴漲或暴跌，也將影響台股的發展，若是港股大跌，台灣的中國概念股將首當其衝，進而也將使台灣地產股（包括營建股及資產股）走向受到波及。不過眞正主導台灣股市的中樞神經仍在電子股。一九九七年五月間，台股跌至七八九三，在技術線型都處在空頭排列的勢下，半導體先是逆勢抗跌，繼而大漲，終使台股再創八七五三的新高價。到了指數穿越九千點，到達九一三一之後，大盤也因爲電子股漲多拉回，而跌破九千點大關，電子股扮演大盤中流砥柱的角色已十分鮮明。

十年前，台灣股市的多頭行情由金融股主導，當時的三商銀、國壽、北企、開發都創下驚人的千元以上身價。從民國八十六年起，電子股開始扮演勇冠三軍的角色，力捷、錸德、聯強、華通等股漲幅都達到五至一〇倍之間，幾乎所有高價股都由電子股所創。例如，華碩到達八九〇元，英業達漲抵四一八元，藍天到達三二〇元，華通也達三〇六元。電子股揭開台灣的高股價時代，且台積電總市值一躍超過國泰人壽，更寫下台灣進入高科技時代的新里程碑。

每一個波段行情，電子股都是率先止跌，然後帶動股價向上發展，大漲之後的電子股則經常出現急速回檔。例如，聯電創下一二二元，台積電衝高到一三〇元之後，盤中都出現大幅震盪，之後則有大回檔，然後在風聲鶴唳中找到底部支撐，又是一次逢低介入的機會。電子股每次都在樂觀中回檔，悲觀中止跌，將底部愈墊愈高，也使台灣股市從攻破七千點大關，邁向八千到達九千，未來挑戰萬點大關，電子股自是不可或缺的要角。反之，若是電子股大跌，台股恐怕要面臨暴跌的危機。

這是因爲台灣的電子股是美國高科技產業的製造中心，電子業以美國馬首是瞻，挾特有的品質與技術，嚴格降低成本，並從大量生產中創造利潤，使台灣電子業發展速度愈來愈快。

有了資金、技術、人才滾滾而來，而蓬勃的資本市場又給予高科技股迅速發展的養分，單是台灣十七座晶圓製造廠，已爲股市創造一兆五千億元市值，而電子股的盈餘成長又遠在其他類股之上。

到目前爲止，上市加上櫃的電子股已達八十六家，電子股已成爲台灣資本市場最龐大的族群，而電子股的快速成長也爲台股步步高升，提供了活力與燃料。台股因爲電子股蒸蒸日上，恰與泰國股市這兩年跌跌不休成強烈對比。泰國政府極力發展高科技事業，可是到目前爲止，泰國電子類上市公司只有十家，去年獲利只有六・四一億泰銖，而十家公司有八家賺錢，兩家虧損，表現最好的兩家恰好都是台商所投資・，一是台達電子的子公司 DELTA，八十六年第一季獲利二・九四億泰銖，較九五年同期大幅成長五四・二九・，另一家是群光電子子公司 HIPRO，業績較前年同期成長六六一%，台灣電子股威名顯赫，在泰國股市也不例外。

中港台股市的最後競賽

一九九六年十二月才被朱鎔基打壓重跌的深滬兩地股市，在短短的三個月之中，竟然全部都收復失土，紛紛再創新高。所不同的是，去年市場主力輪番炒作投機股，而一九九七年行情則以績優股的上漲爲主調，例如上海股市有藍籌股王之稱的四川長紅，一九九六年十二月大漲的時候，股價只有一九·五二元人民幣，一九九七年四川長紅業績大好，股價又翻了好幾番。到了四月二十八日，四川長紅已漲到五四·八五人民幣，九七年，四川長紅大漲了一·八倍。另一個差異之處則是九六年中國股市大漲，深圳股市威力遠大於上海股市，今年則是上海股市魅力四射。上海A股去年漲到一二〇七點崩盤而下，在九〇〇點大關止跌，今年卻一口氣漲到一四五一點，而上海B股，九六年十二月才只有四四·八點，如今也漲到九〇·九三，足足大漲了一倍。

九六年十二月，深滬兩地股市大漲，主要是要因爲大量生產及生活資金介入股市，公款大規模用來炒股，迫使朱鎔基全面監督，今年則是四面八方的資金湧進股市，銀根漸寬鬆，再加上中國大陸經濟基本面有了重大改善。

在基本面改善，股民對經濟、政治前景都極表樂觀，香港九七回歸，再加上中國大陸龐大的儲蓄游資，欠缺其他投資管道，股市自然易漲難跌。目前不論是深、滬A、B股，或是香港的紅籌股、H股本益比都已達到空前高水準，但是龐大游資仍將行情往前推進。

九七後中國政府擁有三個股票市場與一千多家上市公司

激盪股市龐大購買力的導火線卻是來自香港九七。爲了迎接這百年盛事，中共當局可說卯足全力，希望維持香港九七榮景。寬鬆銀根，刺激股市上漲都是必要手段，因爲九七如果順利過渡，中共可以在世人面前誇耀中共接收香港成果，另一方面則取得對台灣的有利號召，中共可趁機訴求一國兩制的政治主張，瓦解台灣心防。

另一方面，目前美國有一千二百家公司在香港設有辦事處，直接投資的金額高達一四〇億美元，美國對香港享有六十九億美元的順差，香港是美國第十三大的貿易夥伴。目前居住在香港的美國人在四萬人以上，每年前往香港旅遊的美國人則在七十五萬人以上，美國公司向香港各大銀行借貸金額大約是五〇〇億美元以上。美國早已凌駕英國，成爲香港最龐大的外國勢力。香港九七大限，除了使中國成爲香港宗主國，利益最大外，美國應是全球外資中最大的利益團體，香港如更好，美國同樣利益均霑。

香港的殖民地角色消失後，中國將同時擁有深圳、上海AB股市場，再加上香港股市，中國將同時擁有三個股票市場。以目前香港上市公司五七九家，加上二十八家H股，再加上深滬兩地的股市AB股市場各有二百多家上市公司，中國政府已經控有一千多家上市公司，台灣置身在大中華經濟圈的外圍，今後經濟政策勢必大大受到深滬港三地的衝擊。當深滬港股市欣欣向榮的時候，台灣只有兩種方法，一是與三地股市同步向榮，讓企業根留台灣，錢留在台灣股市；反之，若政府強力打壓，資金將往深滬港三地流竄，形成深滬港股市漲，台灣獨跌的局面。台灣的證管官員，今後如何以重大格局來看待台股，這是值得關注的焦點。

台商如何抗拒「大中華經濟圈」的誘惑

民國八十五年以來，李登輝總統提出「戒急用忍」政策，希望管制台商赴大陸投資，王永慶的漳州電廠投資案一波三折，就是兩岸政策角力的結果。根據外電，中共在九七之後，將展開更大規模的對台商招手行動，屆時，李登輝總統的政策，能否抵擋得住江澤民與台商，將是兩岸新經濟戰的主軸。而台商能否抗拒大中華經濟圈的無窮魅力，且讓我們拭目以待。

過去十年（一九八七至九六年），中國出口額由四百億美元成長到一千五百億美元，為了壓抑出口成長，中國政府兩次減少出口退稅，但是仍擋不住強大的出口成長力，假如未來十年中國出口繼續成長四倍，到二〇〇七年中國將成為全世界最大出口國。而且，到目前為止，中國的出口已由紡織、成衣、原物料等低檔產品轉化為電子、機械等高檔貨品。中國出口競爭力已威脅台灣、南韓、新加坡。澳洲外交與貿易部出版了一本厚達四三〇頁的《中國擁抱市場》研究報告，指出到公元二〇二〇年，中國的經濟力量將正式超越美國。這股成長的動力，全球商家都無法抗拒，台商又如何置身於十足誘人的「大中華經濟圈」之外？

九七之前，國內股市愈益受到香港九七的影響。深滬兩地股市在九七之前有如急行軍般，猛力上衝，而港股不漲，H股及紅籌股卻翻了幾番。台灣股市正在醞釀新方向，香港九七後的前途，也將決定大中華經濟圈的前景，假如香港前景受挫，大中華經濟圈的誘因也將減低，如果香港七九後更好，假如我們的政策官員對股市「戒急用忍」，那麼龐大的游資很可能在深滬港三地股市「戒忍用急」，台灣股市又將何去何從？

傳統產業的明天在彼岸

八十六年八月，海基會董事長辜振甫以〈香港的回歸〉爲題，發表他個人對於香港回歸中共四十天以來的深度觀察。辜振甫在演講中頗含深義地指出，香港回歸後，兩岸協商中斷，希望政府能考慮企業發展之所需，訂定合理、靈活、有彈性的規範，引導大陸投資成爲提升台灣總體經濟的助力。這個頗具微言大義的談話，爲當前受限在「戒急用忍」政策下的兩岸政策，帶來一些可以討論的空間，也是大家研判股市行情的重要著力點。因爲在台灣開完十五大之後，李登輝總統展開中南美之行，同時台灣也進行內閣改組。而中共在九七順利促成香港回歸，且台灣布局完成之後，江澤民在九月召開的十五大中，登上大一統地位，成爲繼鄧小平後中國至高無上的領導。之後，中國也展開權力大重組，李鵬下，朱鎔基上，內閣改組完成後，江澤民展開登基之後的訪美之行，這是中國國家元首首度以元首的身分踏上美國領土，這不但意味了中美關係大變，也是美台關係面臨最大衝擊的時刻，想要探索股市行情，不能不對海峽兩岸歷史性的轉捩點，進行一番更深入的探討。

八十六年，海峽兩岸都在預期中完成權力大重組。在台灣，李登輝卯足全勁瓦解了宋楚瑜領軍的反凍省勢力，順利完成修憲目標，進一步鞏固了李、連爲核心的地位，而宋楚瑜雖被打入非主流，卻能力爭上游，立委蕭萬長順利組閣，李連蕭宋的權力組合確立。在中共方面，香港九七順利回歸，江澤民立下一大戰功。儘管李登輝口口聲聲說江澤民地位未穩，可是從中共召開北戴河會議及十五大來看，江澤民至尊無上的地位，在黨內已無人能攖其鋒，非主流的喬石、李瑞環已經沒有能力挑戰江澤民地位。目前江澤民與李鵬聯手，扶植朱鎔基，如果朱鎔基繼任總理，中共也將推出財經內閣，吳邦國與吳儀、李嵐清等具有財經素養的官員可能都是副總理，這意味了上海幫大抬頭，中共在邁向跨世紀建國目標將以財經掛帥，中共先求國強，再求富。在中共加緊財經建國之際，台灣如果再罹患強烈「恐共症」，而繼續堅持「戒急用忍」，恐怕將自斷生機。這次辜振甫在演講中指出「引導大陸投資成爲提升台灣總體經濟的助力」，應是頗具深意的談話。

從大戰略來看，台灣的企業發展，這幾年南進有成的恐怕不多，如今只有台達電、光寶、中強、金寶等在泰國建立基地，但格局都不大，到中南洲投資成功者，只有年興在尼加拉瓜、宏碁在墨西哥闖出一番天地，可是在大陸大開大闔的企業卻眞不少。寶成工業、巨大、正新、建大、燦坤也可說是大陸投資有成的典範，寶成工業昔日是三、四十元低價股，如今則是一度越過二〇〇的高價股，億泰、燦坤也都因爲「中國概念股」成爲百元以上高價股，這是企業經營版圖的再擴大。

台灣的電子業逐漸在大陸開花結果，我們就以達電爲例，來看看大陸投資帶來的助力有多大。達電在民國六十年成立，以生產電視線圈與電子零組件起家，到了六十七年之後，生產脈液變壓器、延遲器，到了七十二年生產電源供應器。七十七年起股票上市掛牌，達電五○%生產電源供應器，監視器占二○%，其餘爲區域網路元件。

在民國八十一年，達電每年獲利皆在一．五億到二億之間，EPS都在一元左右，可是進入民國八十一年，達電在大陸設廠，業績開始大成長，八十二年EPS成長爲三．六二元，八十四年爲四．三四元，八十五年則爲四．一八元。達電從不起眼的電子廠成爲耀眼的績優股，大陸廠爲其最大助力。目前達電在台灣及大陸各有四個生產基地，在大陸的四個廠房，全部由台達國際公司控股。

達電在大陸用了一萬多個員工，月產電源供應器一二○萬個，其中東莞一廠一二○五四平方呎，東莞一廠分廠佔地一○八○○平方呎。以八十六年七月營收爲例，台灣廠爲十一億多，大陸廠則達九億多，單是七月營收兩地合計爲二一．三二億台幣，已是歷史新高，而台灣廠穩健成長，大陸廠則跳躍成長，大陸廠仗台達電穩坐全球第一大電源供應器生產廠的寶座，預估今年台灣廠營收可達一二五億，大陸廠可達一一○億，全年營收目標爲二五○億。值得注意的是台灣由於攤銷管銷成本，八十六年營業利益僅五九○○萬元，可是因大陸廠營收帶來的營業外收入則可達二一．三一億。八十六年台達電預估稅後純益可達二○．五億元，EPS爲五．五七元。至於八十七年度，大陸廠帶來收益可達二四．五一億元，股本增加之後，EPS仍可達六．四元，更值得注意的是台達電是旺宏最大股東，而旺宏在IC股中八十七年成長力道最勁，再加上乾坤科技、廣象、湯淺台達等轉投資子公司漸入佳境，達電又是十足的中國概念股，外資評價，達電本益本可推估至四十至五十倍，達電應是最有潛力的中國概念股，以寶成工業直逼二〇〇元的股價來看，達電應有追上寶成的機會。

從達電的例子來看，該公司從年獲利一億多，跳升到二十幾億，大陸廠耕耘有成是關鍵。同樣的，寶成工業若沒有寶元爲裕元添加的助力，也沒有今天寶成的高股價，正新如果沒有廈門與崑山廠，也沒有今天六十多元的高價，巨大的未來希望也建立在崑山廠。筆者到上海去看台商的布局，意外發現在上海周邊包括嘉定、崑山、蘇州、無錫、太倉都分布了很多台商，其中在崑山最爲驚人。台商投資與港商大不同，港商傾向貿易、地產，習慣短打，流行打帶跑，可是台商韌性十足，到上海設廠都是長線操作，大家可以咬緊牙根埋頭苦幹，初期雖然艱苦，一旦開花結果，果實都很甜美，像達電、正新、寶成都是苦盡甘來的典範。在上海市要開車上滬寧高速公路的開端，第一個大廣告即是燦坤，第二個緊接著正新，而在浦東湯臣高爾夫球場外，也有震旦行聳立的大廣告，震旦行在嘉定建立了一個占地六萬坪的震旦園區，一進門即是氣勢雄偉的員工訓練中心，右側是電子廠，左側是家具廠。台灣的上市公司投資上海、崑山前仆後繼，不但沒有根不能留台灣的疑慮，反而企業開拓版圖，爲股東謀福利，上市公司爲股東開疆闢土，壯大公司力量，也擴大了台灣經濟版圖，又何需「戒急用忍」？

現在反而需要擔心，台灣很多傳統產業留在台灣已經沒有太大生存空間，若不思西進，另尋生路，幾年之後，大企業也可能變成中小企業，像很多水泥公司，眞看不出他們的明天在那裡。現在環泥只是十八元的低價股，長期投資環泥的小股東情何以堪？企業如果聽了李總統的話，幾年之後倒閉收攤，老闆恐怕要向李總統聲請國家賠償，申請失業救濟金。

兩岸情勢正臨巨變，但是很慶幸的是中共正致力走向財經路線，意識形態的問題正在下降，兩岸的對峙在雙方開完十五大之後應是在誤會中尋找冰釋的時機，這時候雙方的領導人都應該降低敵意。可喜的是，連戰副總統的大陸政策比較柔性，行政院長蕭萬長是陸委會主委出身，大陸政策可望較務實，假如兩岸之間峰迴路轉，在八十七年順利走向大和解，那麼我們可以預期，台灣股市將登上一萬五千點，兩岸可互利共榮！

美中將成東西兩大超強經濟體

八十六年台灣股市由年初的六七八九點，一路緩步推升到八月二十七日的一〇二五六點，累積漲幅高達五一％，國人搭乘股市上漲的順風車都有相當可觀的收穫。然而就在大家對股市遠景充滿樂觀期待時，東南亞股市卻有如一場瘟疫一般席捲全球。這一輪跌勢由東南亞國家的匯市大跌開始，接著東南亞各國股市大跌，然後打擊面擴大，基本面較弱的南韓馬上面臨韓圜巨貶與股市大跌的衝擊，接著是號稱九七年來最堅強的美國股市、香港股市、台灣股市、中國深圳AB股都引來重挫，全球股市有如一場股災，莫不遭到重大損失。

這場股災的核心源自東南亞諸國，一九九七年上半年東南亞經濟已顯疲態，而美國經濟超強，東南亞貨幣盯緊美元早已左支右絀。於是國際投機大炒家紛紛對準東南亞國家貨幣拋空，而東南亞各國政府硬是不低頭，於是展開血淋淋的一場匯率捍衛戰，最後當然是脆弱的基本面不敵；七月二日泰國終於向投機客認輸，泰銖改採浮動匯率，從此泰銖有如脫韁野馬，一去不回頭，泰銖從七月二日的二四．五重挫至三五泰銖，兌美元重貶了四四．三三％。泰銖在急貶之際，泰國股市趁機反彈，泰股SET曾在六月中旬跌至四五七點，後來在泰幣貶值之下，泰股一度反彈直逼七〇〇點。可是泰銖棄守卻增添了東南亞其他國家的壓力，投機客再度對準馬幣襲擊。緊接著印尼盾、菲律賓披索，最後連自認經濟力最強勁的新加坡都難敵這場風暴襲擊。東南亞貨幣有如骨牌一般，一吹就倒，從七月起，印尼盾衝破三千關卡，急貶了二四・一八%，菲律賓披索跌破三〇元防線，重貶了一九・〇九%，而捍衛最力的馬幣也守不住三・六大關，急貶了一六・一六。

東南亞貨幣發生連鎖性的骨牌效應，各國幣值巨貶，外資爭相逃竄，匯市不守之後，馬上是股市遭殃，結果泰國股市又從六九六點跌回起漲區，累計泰股今年跌幅三八・〇二%；而菲律賓股市則從三三二〇點急挫，一口氣跌破千九百點大關，跌幅高達三八・四八%；大馬股市則從一二七七・九七跌至七七七・四六，跌幅亦達三五・三三%。其他如印度下挫二四・八五%，新加坡下跌一八・九七%，東南亞諸國從匯市崩盤再引發股市巨挫，這個情況有如一九九四年墨西哥金融危機的再版。

九七年，全球股市在美國領導之下原本氣勢如虹，東南亞貨幣危機增加了全球金融市場的不安。這個時候，九七年來累積二千多點漲幅，一直沒有出現大回檔的美國股市，終於在八月下旬出現巨跌現象，道瓊指數由八二九九急跌至七六二〇，出現・八一五%的回檔。

外資以貨幣強弱爲主要考量

美股急挫馬上增添全球股市的不安氣氛。歐洲股市跟著美股回落，這其中九七年累積漲幅達三八%的瑞士股市由六一〇一跌至五二一七，九七年上漲四〇%的德國法蘭克福股市則自四四五九跌至三八四五，上漲了二六%的法國股市券商公會指數，也由三一〇七跌至二七六一；至於姿態最高的英國股市海峽時報指數從五〇九五回檔，卻力守在四八〇〇以上，九月二日英國股市大漲，指數收在四九五二，似有再創新高的機會。歐洲股市在美股回跌之下而回檔，但若對照亞洲股市的風聲鶴唳，歐洲已屬超強勢，顯然歐洲成爲資金的避風港。

美股出現逾八%的回檔，又更增加了亞洲股市的不安氣氛。仍受泡沫經濟之痛，還在止痛療傷的日本股市立刻跌破一萬八千點大關，緊接著南韓貨幣大幅貶值，韓圜跌破九〇〇大關，股市亦跌落到七〇〇點以下。這時候股市空頭的氣氛，有如決堤的洪水一般，九七以來，除美國外，表現最搶眼的兩個市場馬上面臨劇變。首先是投機客不斷對港幣心戰喊話，香港特區政府不得不動用數十億外匯準備金以捍衛港元，而這時候外資在東南亞股市操作慘遭巨創，不得不將獲利豐碩的港台股市獲利回吐。

由於香港對外資是充分開放，外資不限量的賣壓，馬上使得香港股市「山崩地裂」，香港恆生指數由一六八二〇重挫至一二八九七，跌掉三九二三點，跌幅高達二三・三二%。港股這一輪大跌，幾乎退回八十六年四月一日的最低點，這一番重挫逼使董建華不得不出面喊話。港股大跌，原本防守姿態極高的國企H股及紅籌股，最後也都發生補跌現象，所有與外資買盤有關的個股，跌情都非常慘重。

亞洲表現最耀眼的港股出現逾二三%的大跌，原本在這場金融風暴中一直處變不驚的台股，眼看著全世界股市爭相暴跌，於是也在八月二十七日上攻到一〇二五六之後，出現嚴重的崩跌危機。八月二十七日台股原本上漲一三九點，收盤卻下挫六六點，K線出現長黑後，大回檔的噩夢立即顯現，二十八日台股重挫二二三點，二十九日颱風休市，三十日再跌七一・○二；此後的兩天，九月一日新閣揆蕭萬長上任，指數大跌二五一點，九月二日指數再暴跌二九三點，短短五個交易日，台灣股市跌掉一○七一點，指數的跌幅是一○・四四％，這次的回檔是九七年股市最大的一次回檔，所幸到了九月三日全球股市止跌，台股大漲二四九點，加權指數以九四六○收盤，有初步化解危機的味道。

這一輪全球股市風暴從東南亞向亞洲各國延伸，然後美國下挫，又引起歐洲股市的回檔，美股回檔之後是香港大跌，然後是台灣重挫，台灣是最後回檔的市場，也是亞洲股市跌幅較輕的市場。在這場仍揮之不去的金融風暴中，我們隱約看出幾個重要趨勢：一，**股市是一個國家經濟榮枯的櫥窗，而匯市則是國力與經濟力的延伸，貨幣強勢則股價走強，貨幣走貶，則股市顯現疲態；而股市與匯市則是一體的兩面**，像東南亞匯市不支，貨幣成了人人拋售的標的，最後股市重跌，人人爭相逃離市場。

因此，即或ＩＭＦ以一七二億美元金援泰國，收效仍十分有限。反之，美元超強走勢，全球資金爭相避險，這次歐洲與美洲股市超強，顯然是原先滯留在亞洲的資金移駐此處。

台灣宜盡早納入大中華經濟圈體系

二，**資金有如洪水猛獸，水可載舟，也可覆舟，錢永遠朝向有利可圖的地方移動**，這次東南亞就吃足了開放外資的虧，一九九三年東南亞各國張開雙臂歡迎外資投資，一度造成房股兩市大漲；如今，反因經濟基本面調整不佳，外資爭相逃離這個市場，外資反成了覆舟的罪魁禍首。這次香港跌幅遠超過台灣，這是因爲香港對外資沒有任何管制，而台灣對外資仍有條件開放，結果香港回檔二三%，台灣只回檔一〇%，這次外資重創東南亞的經驗，值得作爲台灣準備在公元二千年完全開放外資的參考。

三，**幣值的強弱成爲國際投資者需要考量的變數**。以投資泰股爲例，八十六年股市跌了將近四成，泰銖又重貶了四四%，這個乘數效果意味八十六年投資泰股的人，至少已經賠掉了七成五了。某家投信曾以「前進泰國」爲號召，引起極大回響，如今泰幣貶，股價再跌，當初熱烈認購泰國基金的人可說是賠慘了。有了這個經驗，大家一定要記住，匯率貶值的地方不能去，從事國際投資一定要朝貨幣升值的國家看。細數目前全球的強勢貨幣，歐美市場如今美元是一枝獨秀，美國高科技仍是全球耀眼的明星。這意味了美國是西方的經濟超強國，美國高科技仍將在全球掛帥。

而首當其衝的亞洲市場，連香港都不支，但是這次表現比美元更強的貨幣居然是人民幣，而且在這次東南亞金融危機中，深圳、上海股市都有超水準演出，這已看出中國除了政治霸權之外，在日本國力與經濟力走下坡之後，中國將成爲亞洲經濟大國，未來東西陣營將以美國與中國馬首是瞻。台灣要能閃避危機，只有迅速駛入大中華經濟圈一途，若是固執「戒急用忍」政策，台灣經濟的籌碼將愈來愈少。

「戒急用忍」還能「忍」多久

台北的美僑商會於八十六年九月二十五日在華府發表〈台灣白皮書〉，這份厚達五十一頁的白皮書，針對台灣當前的經濟政策，特別是外資政策提出強烈抨擊，他們痛責台灣領導人關心的是如何使台灣受到國際矚目，而非實際基本的經濟政策。美僑商會並且指出：台灣官方的大陸政策，是台灣經濟前景負面指標，只會造成台商化暗為明，如果台商無法直接且方便地進入大陸，並且取得資源，台灣政府欲使台灣成為亞太營運中心的設計，無疑只是空想。這一份痛批台灣經濟政策的「白皮書」，引來行政院長蕭萬長猛烈抨擊，李登輝總統稍後回應，仍堅守戒急用忍政策，並表示若棄守這個政策，則台灣安全堪虞。儘管台灣的政府領導人強烈回應，但是背後透露的訊息值得我們注意。

八十五年九月十四日，李登輝總統在全國工總的全國經營者會議上，首度提出「戒急用忍」的大陸政策。一年多來，經濟部賣力落實李總統政策，將對象鎖定大企業及上市公司，結果台塑的漳州電廠投資案胎死腹中，統一企業的武漢電廠也暫時喊停，大企業集團為配合政府政策，都放慢赴大陸投資脚步，不過仍有不少企業以各種名義進入大陸投資。從投資數額來看，在李總統喊出「戒急用忍」之後，八十五年第四季及八十六年第一季台商赴大陸投資一度低迷，但是八十六年第二季起數字又急遽上升。政策公布至此一年餘，企業界希望鬆綁之聲此起彼落。而美僑商會這次毫不客氣提出痛擊，顯然他們已對台灣的大陸政策僵硬性大表不滿。

一九九○年之後，美國跨國企業全力部署進軍亞洲最大的中國市場，台灣的政治民主化、高度的經濟自由，以及高素質的專業管理人才，成爲美商切入大陸市場最佳的跳板，儘管這中間還是存在著一個不確定的兩岸關係。但是美商不諳中國人講究關係的商業習性，再加上，台商在六四天安門之後大批湧入大陸投資，兩者一拍即合，美商找到最佳打拚拍檔。於是兩岸資金結合外商在大陸發展，或是外商以台灣的中國人管理大陸的中國人，已成爲西方跨國企業登陸大陸市場的標準模式。

不過這個模式在李總統一席「戒急用忍」的政策宣示後，打亂了行政部門的心態，「戒急用忍」被經濟部、陸委會要員拿來擴大解釋國家安全至上，爲「戒急用忍」找合理化理由，這種管制式的經濟發展模式，給了外商極負面的評價。在「戒急用忍」政策滿一年的時候，美僑商會會長韋桀夫即直陳，兩岸關係穩定與否，左右當前亞太營運中心政策能否成功，他透露在台外商都希望「戒急用忍」政策能夠鬆綁。如今發表了白皮書，則是直接露骨的批判。

除了「戒急用忍」政策之外，美僑商會直陳，台灣的高稅率與政府低效能已使台灣喪失競爭力。目前台灣對外商投資加工製造業必須課以四○%的稅率，平均比香港高出二四○%以上，也比新加坡高出五四%，比馬來西亞多出三三%，甚至都比大陸高出二一%。此外，在台灣設立公司需要二至三周，而外商申請設立在台子公司則需時三個月以上，而內陸運輸等行業，到目前仍限制外商投資，這些低效率成爲台灣追求經濟成長的大瑕疵。美僑商會並委婉指出，台灣開拓外交，卻不重視兩岸關係的不實在，而且，政府力圖用政策手段引導台商赴東南亞或中南美洲投資，都是扭曲經濟自由化的不當管制行爲。

美僑商會這份白皮書可說對台灣當前經濟政策的弊端「切中要害」，「戒急用忍」政策已到了不得不檢討的地步。因爲以中國爲中心的「大中華經濟圈」，這次在東南亞的股匯市危機中，中國的人民幣一枝獨秀，表現比美元更強勁。中國已從亞洲政治大國逐漸蛻變爲經濟強國。這次朱鎔基在十五大中躋身第三號人物，已可看出朱鎔基接任總理已是勢在必行，兩岸即將從政治外交戰，轉化爲經濟競爭，台灣一味「閉關自守」，只有挨打的份。如何「積極進取」，「戒急用忍」似非調整不可。

這次東南亞貨幣危機，假如台灣不是處在大中華經濟圈的外圍，傷害恐怕比新加坡還嚴重。再從台商這幾年的海外投資來看，很多台商赴東南亞投資最後都是草草收場，赴中南美洲，也只有年興紡織闖出名號。可是在大陸投資的，如今寶成工業、建大、正新、巨大、台達電子、鴻海、震旦行等都逐漸進入收成階段，一個小小的「康師傅」頂益集團，短短五年光景，建立一個數百億的王國，這樣的誘因已成擋不住的趨勢。台灣如果能重新定位自己在大中華經濟圈的角色，良性發展將成全球外資進軍中國最好的跳板，反之，若與大中華經濟圈愈走遠，最後的下場很可能是向東南亞國家看齊。更值得注意的是，在江澤民訪問美國之前，美國的中國政策已醞釀轉向，這次美僑商會是不是試放氣球之舉，值得我們深思。總之，美僑高層祭出的白皮書，值得有關當局作爲苦口婆心藥方，痛加檢討改善。

大塊文化出版公司書目

touch 系列

10倍速時代	Andrew S. Grove 著 王平原譯	250元
未來英雄	John Brockman 著 汪仲等譯	330元
WWW.新家庭	Seymour Papert 著 賴慈芸 等譯	250元
量子管理	Stan Davies 著 何穎怡 譯	250元

mark 系列

福爾摩啥	Psalmanaazaar 著 薛絢 譯	280元
西藏七年與少年達賴	Heinrish Harrer 著 刁筱華	250元
聖經密碼	Michael Drosnin 著 杜默 譯	250元
絕對的藝術家	謝恩 著	390元
潛水鐘與蝴蝶	Jean Dominique Bauby 著 邱瑞鑾 譯	150元
革命前夕的摩托車之旅	Che Guevara 著 梁永安 等譯	250元

smile 系列

豺狼的微笑	Aquarius X 著 蔡志忠 繪圖／例註	特別價 69元
Peggy來占星 1 愛情魔法書	張珮琪 (Peggy)著	150元
成功致富又快樂	溫世仁 著 蔡志忠 繪圖	特別價 69元
台灣黑色燴	于震 編寫	特別價 99元
Peggy來占星 2 工作GoGo	張珮琪 (Peggy) 著	150元

清清醒醒過一生	Geoffry Bellman 著	
	丁佩芝 譯	180元
前途	溫世仁 著	
	蔡志忠繪圖	120元
女人要帶刺	Roberta Gregory 著	
	何穎怡 譯	特價120元
台灣經濟的苦難與成長	溫世仁 著	
	蔡志忠 繪圖	120元
穿著睡衣賺錢的女人	Migi 著	180元
黑鳥麗子白書	黑鳥麗子 著	150元
現在流行吃素	黃怡等12人合著	120元
心靈深呼吸	王映月 著	150元
給女人靈魂的巧克力	Kay Allenbaugh 著	
	洪國鈞 等譯	200元
我在花花世界	陳樂融 著	150元

catch 系列

第五元素(VCD+彩色精裝書)		
	盧貝松 著／Akibo 視覺設計	450元
叛逆的天空(散文)	梁望峰 著	120元
寂寞裡逃(散文)	梁望峰 著	120元
小茜茜心靈手札(漫畫)	韓以茜 著	150元
The Making of 小倩	徐克 著	特價700元
千女遊魂(小說)	朱衣 著	150元
天若無情(小說)	梁望峰 著	120元
墮落天使(小說)	梁望峰 著	120元
在地球表面漫步(散文)	張妙如 著	150元
小明(漫畫)	歐陽應霽 著	150元

大塊文化 LOCUS

大塊文化出版公司 Locus Publishing Company
台北市117羅斯福路六段142巷20弄2-3號
電話：(02)9357190 傳眞：(02)9356037
台北縣新店郵政16之28號信箱 e-mail: locus@ms12.hinet.net
1.歡迎就近至各大連鎖書店或其他書店購買，也歡迎郵購。
2.郵購單本9折（特價書除外）。帳號：18955675戶名：大塊文化出版股份有限公司
3.團體訂購另有折扣優待，歡迎來電洽詢，

國家圖書館出版品預行編目資料

跨世紀投資策略：進入全球金融體系之後，
台灣人的投資之道／謝金河著：-- 初版--
臺北市：大塊文化，1998 [民 87]
面；　公分. -- (Smile系列；17)

ISBN 957-8468-37-7 (平裝)

563.5　　　86015793

117 台北市羅斯福路六段142巷20弄2-3號

廣	告	回	信
台灣北區郵政管理局登記證			
北台字第10227號			

大塊文化出版股份有限公司　收

請沿虛線撕下後對折裝訂寄回，謝謝！

地址：_____市／縣_____鄉／鎮／市／區_______路／街_____段_____巷

_____弄_____號_____樓

姓名：

大塊 LOCUS 文化

編號：SM017　　書名：跨世紀投資策略

大塊
LOCUS
文化

讀者回函卡

謝謝您購買這本書，為了加強對您的服務，請您詳細填寫本卡各欄，寄回大塊出版（免附回郵）即可不定期收到本公司最新的出版資訊，並享受我們提供的各種優待。

姓名：＿＿＿＿＿＿＿＿＿＿ **身分證字號**：＿＿＿＿＿＿＿＿＿＿

住址：＿＿＿＿＿＿＿＿＿＿＿＿＿＿＿＿＿＿＿＿

聯絡電話：(O)＿＿＿＿＿＿＿＿＿＿ (H)＿＿＿＿＿＿＿＿＿＿

出生日期：＿＿＿＿年＿＿＿月＿＿＿日

學歷：1.□高中及高中以下　2.□專科與大學　3.□研究所以上

職業：1.□學生　2.□資訊業　3.□工　4.□商　5.□服務業　6.□軍警公教
7.□自由業及專業　8.□其他＿＿＿＿

從何處得知本書：1.□逛書店　2.□報紙廣告　3.□雜誌廣告　4.□新聞報導
5.□親友介紹　6.□公車廣告　7.□廣播節目8.□書訊　9.□廣告信函
10.□其他＿＿＿＿＿＿

您購買過我們那些系列的書：
1.□Touch系列　2.□Mark系列　3.□Smile系列　4.□catch系列

閱讀嗜好：
1.□財經　2.□企管　3.□心理　4.□勵志　5.□社會人文　6.□自然科學
7.□傳記　8.□音樂藝術　9.□文學　10.□保健　11.□漫畫　12.□其他＿＿＿

對我們的建議：＿＿＿＿＿＿＿＿＿＿＿＿＿＿＿＿＿＿＿＿

＿＿＿＿＿＿＿＿＿＿＿＿＿＿＿＿＿＿＿＿＿＿＿＿＿＿＿＿

＿＿＿＿＿＿＿＿＿＿＿＿＿＿＿＿＿＿＿＿＿＿＿＿＿＿＿＿

LOCUS

LOCUS